人物叢書

新装版

坪《つぼ》内《うち》逍《しょう》遙《よう》

大村弘毅

日本歴史学会編集

吉川弘文館

最晩年の小照　（昭和10年1月17日撮影）

墨跡

（昭和三年筆）

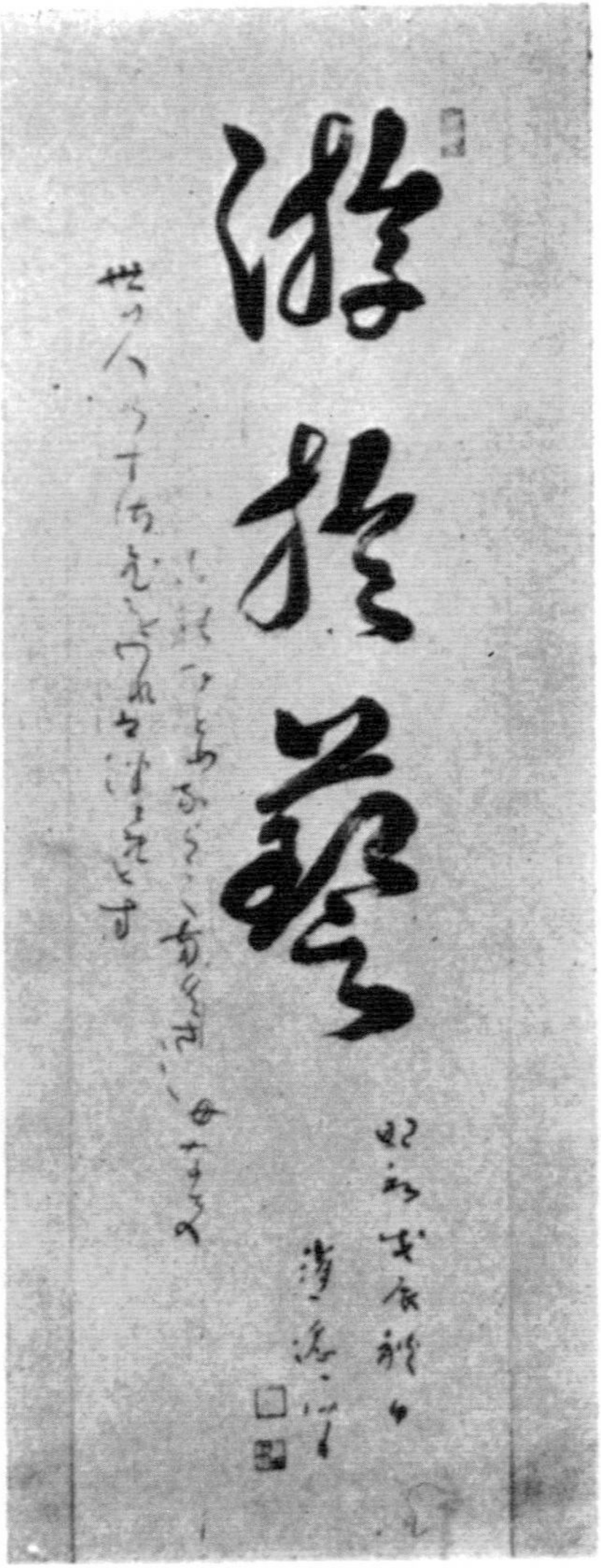

游於藝

世の人のすさびをわれはつとめとす
このつとめならでなぐさみもなき

昭和戊辰秋日

逍遙叟

はしがき

恩師の伝記を書く機会を与えられたことは、この上もない喜びであり、また光栄だと思っている。だが、河竹博士から書くようにとのお勧めを受けた時は、やはりためらわずにはいられなかった。再三のおことばに、感激して筆を執りはしたが、必ずしも筆はなめらかには走らなかった。

叢書としてのきまり、記述を年代順に、そして辞書的な役割を果すようにしつつ、興味深い読物たらしめることは、なかなかむずかしいことだった。作と論と、教育と文芸といった面だけでなく、絶えず同時的に二つも三つもの仕事を続けられた明治・大正・昭和三代に及ぶ坪内逍遙博士の生涯を描写するには、自分の非力を歎かずにはいられなかった。

しかし、先輩や演劇博物館関係の方々の励ましと御支援を得て、ともかくも脱稿することができた。なお特に河竹・柳田両氏の労作『坪内逍遙』に負うところ多く、その恩恵なくしては、本書は容易に生れなかったことを明記して、衷心から謝意を表する。

枚数の関係で、感興ある挿話をつづることがほとんどできなかったばかりでなく、一応まとめた稿を更に大幅に削ったので、いっそう潤いをなくした個所もあるかと思う。けれども、平易かつ正確にとは、極力努めたつもりである。

略年譜は、逍遙博士自筆の年譜を尊重したが、再吟味をして、客観的に独自の編集をした。今までに発表されている年譜が、存外同一過誤を踏襲していることに気付いたからである。

終りに、文中の人名にはすべて敬語を省略したことを、どうか御諒承いただきたい。

昭和三十三年五月二十二日

大村弘毅

目次

口絵

挿図

一　幼年時代

安政六年(一八五九)五月二十二日誕生

国内事情

坪内逍遙が生れたのは、安政六年五月二十二日である。このころの日本は、いわゆる黒船渡来に引続き、鎖国政策の転換を余儀なくされた、幕末の騒然たる時代であった。実に、安政の大獄として知られた、吉田松陰・橋本左内・頼三《み》樹《き》三《さぶ》郎《ろう》ら多数の志士が刑死し、水戸斉昭《なりあき》が禁錮され、そして横浜港が開かれた、その年である。その翌年、万延元年(一八六〇)三月には、大老井伊直弼《いいなおすけ》が桜田門外で、水戸浪士のため非業《ひごう》の最期《さいご》を遂げるという事件さえも起った。政界の紛糾、経済界の不安、世相の険悪化に対し、幕府はほとんどその難局を収める力を失っていた。文久元年(一八六一)には、皇妹和宮降嫁《かずのみやこうか》のことがあったが、これも公武融和に役立ったとはいえず、ために同二年正月には、老中安藤信正が坂下門外に襲われて傷つき、辞職するに至った。またまた鎖国の公宣。元治・慶応と続く数年は、下関事件をはじめ、薩英戦争・幕府の長州征伐・将軍家茂《いえもち》の死・将軍慶喜《よしのぶ》が大政を奉還するという、まことにめまぐるしい近代国家胎生《たいせい》への苦難の連続——いわば夜明け前の混乱状態であった。

逍遙の生れ故郷は、現在の岐阜県美濃加茂《みのかも》市、この戦後の新興都市の一部となった旧太田町、その前は太田村——太田宿と呼ばれた所である。飛騨《ひだ》山脈と濃尾《のうび》平野との境目に当っており、清らかな木曾《きそ》川の流れと形のおもしろい岩石で、景勝の地として知られた日本ラインの起点でもある。ここからは、名古屋市へは東南約五十キロ、岐阜市には西すること三十キロ足らずで達する。鉄道は、中部地帯を横断している高山線が通過しているほか、北濃への越美南線と多治見市への太多線がここから出ている。日本ライン下りの遊覧船が観光客を待っているばかりでなく、夏期にはアルプス行きのバスも発着している。地勢は、北部および西部は山岳で囲まれ、南部が開けていて、気候も温暖で、湿度・雨量も適度な、住むには理想郷である。

江戸時代の太田

江戸時代の太田宿は、徳川御三家の一である尾張藩の領地で、初めは郡奉行《こおりぶぎょう》が治めていたが、後には代官所が設けられた。中仙道の鵜沼《うぬま》宿から落合《おちあい》宿までを所管し、恵那《えな》・可児《かに》・加茂・武儀《むぎ》・土岐《とき》・各務《かがみ》の六郡にわたって、百二十余か村を支配していた。そうした代官所の所在地であったばかりでなく、当時は関西・西《さい》国《ごく》の諸大名の参覲《さんきん》交代の通路にもなっていたので、宿駅としてもかなり賑わっていた。ことに幕末には、はなやかな和宮様の御下向や、錦旗《きんし》を押し樹《た》てての東征軍の行進なども見られたわけである。

逍遥の両親

逍遥の父は、平右衛門（三代目、のち平之進と改名）といい、時に四十七歳。太田代官所の役人であった。役がらは手代本役、切米《きりまい》九石に二人扶持四両だった。慶応元年（一八六五）には、譜代席御徒《おかち》士格に昇進して、十一石三人扶持に増加された。

母のミチは、三十九歳。名古屋で酒造業を営んでおり、苗字《みょうじ》帯刀を許されていた松屋藤兵衛の娘で、十四歳で坪内家に嫁したのであった。

十番目の末子

逍遙は、その十番目の末子で、同胞は男子女子各五人であったが、兄ふたりが夭折《ようせつ》したので、事実上は三男として育てられた。幼名は勇蔵、名のりは信賢《のぶかた》といった。しかし、後には勇蔵の「勇」の字が、自己の性向とほど遠いことを知って、避けようとしたのであろう、やや長ずると、同音ではあるが、字義の大いに異なる「雄」の字を、多く用いるようにもなったが、ついには戸籍面までも、雄蔵と改めてしまった。

生家の模様

代官所の役人たちの住んでいた役宅は、木曾川を見下す高台に並んで一郭をなしており、御陣屋または陣屋と呼ばれていた。逍遙の生れた家は、今の太田小学校の西隣りあたりであったろうといわれるが、明治維新後間もなく取りこわされて、残存していない。逍遙の追憶記によると、玄関前には大きな椋《むく》の木があり、客間の前庭には青苔《あおごけ》が芝生のように美しく生えていたので、幼少のころはよく跣足《はだし》で飛び回ったという。

父平右衛門の追憶

父について逍遙は晩年に回想して、「肉体的にも、ごく潔癖家で、几帳面《きちょうめん》な気むづかし屋であった。口数が少なくて、同輩へはもちろん、上役へ向かっても、決して追従《ついしょう》や世辞をいったことのない、ごく無愛想《ぶあいそう》な、ただただ、真面目な男であった。若い時分、極めて月並な三十一文字を少々並べた以外には、何等の文芸的素養もなく、廉直《れんちょく》と勤勉と厳格と、大酒で一升上戸《じょうこ》たるの資格と、いつも強吟《つよぎん》一点張りの謡曲、それも『羅生門《らしょうもん》』か『鵜飼《うかい》』とかばかりであった」と述べている。

父平右衛門が逍遙の長兄信益に与えた心得書――信州の新領地に赴任する際に書いた教訓書を見ると、その高潔な人格がいっそうよくわかる。

「一、人として無欲の者はないが、多欲であると人から憎しみを受け、結局災難に会《あ》うことも時にはある。これは、取りも直さず天罰である。すべての事に欲ばらず、正しい道を踏み、潔白をむねとして、職務をたいせつに、法令を堅く守り、精を出して勤むべきである。」「一、新たな担当を命ぜられたところについては、特別に徳を施し、人々がなつくようにすべきであるから、取り締まりの事がらをはじめすべてにわたり、清廉実直を本分として、ことば柔らかに説き聞かすようにすることが肝要である。」といったようなことを七ヵ条に列記している。その公職に対する考え方は、今日の公務員心得としても、実にりっぱなものである。その中に、倹約とりんしょくの別をわきまえるようにといい、未熟な者・愚かな者でも侮ってはならないと教えているなどは、常日ごろ自ら修養に心を用いていたことが思われるし、また文筆のたしなみもあったことも推測される。

「母は本来名古屋生れで、その父は風雅と濶達《かったつ》とで産を傾けたと評してよい商人であり、俳人であったので、その親戚縁者中にも多少ずつ文芸に携わっている者があったせいか、生得《せいとく》の芸事好《げいごとず》きでもあり、いくらかの芸術的のたしなみもあった。私が比較的早くから草双紙《くさぞうし》になじんだのは、母が太田のいなかにいてさえ、始終のように何等かの新旧小説類を取り寄せていたからであった」と、逍遙は語っている。芝居好きでもあったが、太田時代には年に一度名古屋へ行ったとき、観劇する程度であったらしい。手先が器用で、また工夫の才にも長じていた。そして、婦道に徹した賢母であったことは、逍遙の次兄義衛《よしえ》が後年手記したものによっても知られる。それによると、常にその子女に対して、「人にまさろうとしてはいけない。まさろうとすれば人をおとしいれようとする心が生ずる。ただ専心努めて人後に落ちないようにせよ。人のする業《わざ》は、どんなことでもできないことはない。何事もしんぼうしてすれば、必ずできるものだ。また、夫は一家の柱石であるから、女は終生嫁入りのときの心で夫に仕えよ。」と誡めたということである。この母は、子供に乳を与えて寝かすときには、本を読み聞かすか、話をしてくれるのが、ならわしだった。

紙食い虫と祖母妙里

物心ついた逍遙は、まことに内気な子供であった。白い紙をもらって、ひとり気ままに人物や動物を書き散らし、それに彩色をするのが、何よりも楽しみであった。それで家族の人たちからは、「未年《ひつじ》生れの紙食い虫」と呼ばれていた。この「紙食い虫」が、絵をかいたり、色をつけたりするとき、何くれとなく世話をしてくれたのは、同じ家にいた母方の祖母妙里《りお》であった。絵ができあがると、目を細くして、「よくできた。じょうずに書けた。」といってほめてくれた。この祖母は、一番小さい孫たる逍遙を、だれよりもかわいがったが、その五歳の十一月に没した。

疱瘡と袴着の祝い

その月末には、種痘《しゅとう》の普及していない時分としては、一生の大やくとされた疱《ほう》瘡《そう》にかかったが、幸いこれも軽く済み、月を越すと無事になおった。そして、その年末には、侍の子としての袴着《はかまぎ》の祝いをした。

百人一首と名優の似顔

五－六歳ころには、大型の絵入りの百人一首本をしきりにもてあそび、ついにはその人物の目鼻ならもちろん、烏帽子《えぼし》でも衣裳の端でも、ちょっと見せられると、それはだれと名ざし得るほどに見覚えてしまった。草双紙は、母に絵ときをねだっていたころからなじんでいたが、文字を習い覚えると、むさぼるように読み始めた。『釈迦《しゃか》八相《はっそう》』あたりを最初として、手当り次第に読んだが、特に馬琴の物には親しみを持った。また、これらのさし絵を通して、七代目市川団十郎や五代目瀬川菊之丞や鼻高と異名を取った五代目松本幸四郎や名人市川小団次などの似顔になじんだのも、このころからだった。

こわかった長兄信益

七―八歳になっても逍遙は、世間並みの子供以上に、しつっこく、ふたりの兄にお話ねだりをすることがあった。それをうるさがって、時には、恐ろしい怪談を始め、ふっと行燈《あんどん》を吹消して、気味の悪い声まで出して、逍遙を泣かせてしまうようなことをしたのは、長兄の信益である。しかし、この十四も年の違っていた兄は、また一方、逍遙に習字の手本を書いてくれたり、『実語教』の類から始めて、いわゆる読み書き算盤《そろばん》や小謡《こうたい》の手ほどき、それに木刀の型といったものまでも、勤めの合間に教えてくれた。時々は、字突きの棒で、見台をピシリッと打って、幼少の逍遙を震えあがらせたり、手ひどく叱《しか》りつけて泣かせたこともあったが、時勢が時勢で、寺子屋へ通うことができなかったのであるから、この家庭での学習は尊いことであった。逍遙自身も「今になって考えると、いろいろの意味で、彼は私の最大恩人であったことを思う。また同胞中でも、もっとも情の深い人であったことを思う」といっている。が、当時にあっては、逍遙に取って恐ろしい人であった。

やさしかった次兄義衛

この長兄に比べると、年はやはり九つも違うのだが、次兄の義衛は叱ったり罵ったりしたことは一度もなく、むしろ逍遙の遊び相手になって、楽しませてくれた。文才もあり、器用でもあったので、鳥羽絵《とばえ》式の絵を配した自作の草双紙や、勇ましい文章本位の小説めいた物をつづって、逍遙を喜ばせた。が、わけても、椿《つばき》の実《み》を拾って来て、当時太田地方に行われていた木《こ》の実振りという遊戯に、次兄がさらに案を加え、複雑化し、演劇化して、ふたりで遊んだことは、この上もない楽しいことであった。それは、椿の実に信長だとか、信玄だとか、秀吉だとか巴御前《ともえごぜん》だとかの絵を、金・銀泥《でい》までも用いて彩色美しく描き、それらを数個ずつ両手に持って、ガラガラと振ってまき、手にある実でもって模擬戦をして、勝負をきめるというものであった。

この幼時の楽しかった遊戯の思い出、太田陣屋の郭外深田村天神社境内にあったみごとな藪椿《やぶつばき》の記憶などが、山椿を逍遙のもっとも好んだ花としたのであろう。熱海の墓地に、山椿があるのもそのためである。

この木の実ふりにしこともしのばれて山椿花いとなつかしも

という歌は、逍遙晩年の作である。

元治元年(一八六四)ごろ

天下の情勢が緊迫するにつれ、代官所における父の責任は重大さを加え多忙を極めたが、長兄もまた外勤がちであったので、自然逍遙のけいこ事は、次兄が受持つことになった。それも合間に教えるのであるから、まことに不規則なものであった。

逍遙六歳の元治元年十一月、武田耕雲斎の率いる水戸浪士の一隊が太田を通過した。代官所としては、これが対策の指示を本藩に仰いだが、尾州家としては微妙な立場にあったので、ついに指令を送り得なかった。そのため、上席手代たる平右衛門は、悲壮な決心のもとに、責を一身に負って、浪士たちの通行することを黙許したのであった。この父親の苦衷《くちゆう》は、幼少の逍遙の知るところではなかったが、その浪士の一行が東から西へ黙々として通って行くのを、宿場《しゆくば》のたばこ屋の店頭で見ていた逍遙は、世の中の恐ろしさを、幼児なりに感じたのであった。袖なしチャンチャンコに、小刀を帯していたところ、傍らの人がその小刀を取って隠してくれるというようなこともあったが、負傷者や病人もあり、疲れているらしいその一隊をぼんやりと眺《なが》めていた。すると、ひとりの年配の侍が逍遙の方へつかつかと寄って来て、ハッと驚くその頭を大きな手で撫でながら、じっと見詰めて、「小僧や、陣羽《じんば》織《おり》だな、ハッハッハ。大きくなって、偉くなれよ。」といい残して足早に立ち去って行った。その侍は、国に残して来た同じ年ごろの子供のことでも思い出したのでもあろうか。子供心にも、逍遙はその時ふと哀れさを感じたのであった。

幕末の太田の陣屋

公武の対立がひときわ激しくなるにつれ、尾張藩でも有事に備えて、志気を鼓舞し、武芸が奨励された。太田の陣屋でも、剣術や弓術はもとより、砲術などまでも、盛んにけいこされるようになった。ふたりの兄が、勇ましいけいこ着姿で、陣屋の道場へ通うのを見ると、さすがにうらやましくなって、逍遙は九歳ごろから自ら進んでけいこに出かけた。そうして、おもちゃ同様の竹刀《しない》をめったやたらに振り回しては、けいこをつけてくれる人の道具はずればかりを横なぐりにする

明治元年（一八六八）太田陣屋の調練

ので、いつも最後には、目のくらむようなお面をやられて渋面をかきながら引き下がるのが落ちであった。

藩論が勤王と決し、官軍に編入されると、尾州藩の調練は野外で実戦的に行われるようになった。前の藩主慶勝《よしかつ》も、明治元年に入ると、度々太田陣屋に臨み、その調練ぶりを検分し、奨励した。それは多くは炮烙《ほうろく》割りの模擬戦であった。逍遙は時々それに加わった。十歳としては小がらの方だったので、いつも総大将の侍童《じどう》役であった。胴《どう》・面・籠手《こて》に身を固め、いっぱしの剣士気取りで駆け回った。額の炮烙を相手方に割られて、目がくらみ、石垣へ倒れかかるのを見て、慶勝は、「あれあれ、あの小僧が、またやられておる」といって笑ったが、当人としては全く真剣そのものだった。

二　少年時代

明治維新のころ

時代は大きく変った。太田陣屋の手代役という名も、北地部宰方属吏と改められた。自らの本名を、平右衛門から平之進に改めた父は、年も五十七歳になっており、役人の職務には疲れを感じていたし、十一歳の逍遥のほかは、女の子三人も既に同藩の士の家に嫁《か》し、長男はりっぱな官吏として東京にあり、次男は当地の草薙《くさなぎ》隊の司令官に任命されていたので、隠居を決意した。後進に道を譲るためでもあり、一つには藩の帰農奨励に応じたわけでもあった。

明治二年（一八六九）名古屋へ移住

明治二年六月、いよいよ官を辞して、かねて購入してあった名古屋郊外上笹島《かみささじま》の家に移った。太田の陣屋を引払う時は、村の人々が別れを惜しんで遠くまで見送って来た。荷物は船九そうに積まれていた。

この上笹島の土地と屋敷については、逍遙自身の筆になる、その『少年時代』に詳しい。「笹島は、ちょっと以前の亀井戸（今の東京都江東区）といったような風情《ふぜい》の所で、とりわけ上笹島は、藤やツツジで客を引く泉水・築山の小遊園があり、茶店があり、そこに笹島焼という名称のちょっとした陶器を焼く老人もおり、風雅な隠宅も一―二軒あって、勝地に乏しい名古屋では、春先の行楽地のうちに数えられていた。その上笹島の角屋敷は、土蔵が一棟付いており、地坪はたかだか五―六百坪でもあったろうが、築地があり、ハスやイやカワボネの茂る泉水があり、丸太三本の橋があり、青いうちからもぎってはしかられたミカンの木の大きなのが三、四本あり、ちびの自分の背よりも高かった種々のツツジがあちこちにあり、その築山の最高所に立つと、そのちびの首さえもすぐ前の黒塀《くろべい》の頂をずっと抜けて、忍び返しの間からずっと遠くまで、中の笹島、下の笹島、ちょうど今の名古屋ステーションの界わいまで、一面に青々とした田の面《も》が見渡された。」

平穏無事な家庭生活

ここに移住してからの父平之進は、家事はもとより交際のことまでも万事母まかせで、文字どおりの隠居生活であった。非常な信心家であった父は、月の一日には礼服を着用して、熱田《あつた》大神宮を打留めに、少なくとも名古屋の神社十五－六か所を巡拝した。毎十五日・二十八日にも熱田だけを除いて、回ることが常であったし、諸仏にちなむいわゆる紋日には、仏閣巡りも欠かさなかった。その日は、いやおうなしに逍遙は供を命ぜられた。お寺詣りには、母も同行した。父の自適の生活は、また酒仙《しゅせん》の明け暮れでもあった。それで、かつての太田の代官村瀬八郎右衛門が、欧陽修の『酔翁亭記』の「その楽を楽しむ」によって付けてくれた其楽《きらく》を、そのころから隠居名として用いていた。

寺子屋へ入門

明治になったばかりのころの教育制度は、旧時代の寺子屋組織がくずれ、それに代る新時代の教育体制がまだ整わぬ、過渡期の不備なものであった。それでも、太田時代専ら家庭での学習に終始した逍遙は、名古屋に移住した年の七月、十一歳で初めて寺子屋に入門することになった。新道町《しんみちまち》というあたり一面畑か水田という場末の新開地で、笹島からはうねりくねった細いあぜ道を通って行くのであった。京都風の格子《こうし》造りで、表からずっと行抜けの土間になっており、右手は壁、左手に一尺幅ぐらいの上り段があり、二間四枚の舞良戸《まいらど》があって、それを開けると、そことその次の八畳続きが、教場という旧式の型どおりの寺子屋であった。その町師匠は、名を柳沢孝之助といって、当時三十四―五歳、チョン髷《まげ》をつけた、背の低い、風采の上らない人であった。ここに通《かよ》って来た寺子は、七つ八つから十二―三歳までの、ほとんど商家の子弟で、小さなチョン髷を付けた、平凡な子供たちばかりであった。この寺子屋には、明治五年の春まで足掛け四年間通って、楷書《かいしょ》や行書《ぎょうしょ》を習い、四書の復習と五経の素読を学んだ。まことに単調な少年時代であったが、休み時間に寺子友達とやる墨の砕片《さいへん》の引っかけっこは、逍遥にとってもおもしろい遊びであった。これは磨り減らして使えなくなった墨の小片や折

明治四年（一八七一）

貸本屋大惣

れた墨の砕片、はては新しい墨をわざわざ欠いて作った破片をもって、互に人さし指で跳ね返し合って、うまく相手の上に自分のを引掛ければ勝で、それを自分の物にするのである。メンコ遊びに類する墨の小片の取りっこであった。しかし、寺子屋にあって、いたずらをしたり、仲間げんかをしたりして、師匠に叱られたようなことは一度もなかった。

明治四年、断髪脱刀令に先立って、父も次兄も逍遙も、チョン髷をやめて新時代の散髪になった。

不完全な制度と設備のもとでは、ほとんど寺子屋では得るところがなかったと、逍遙自身回想しているが、この間、家庭にあって江戸文学を読みふけり、母に伴われて観劇を続けたことは、後年の文芸活動の大きな素地を作ったように思われる。

太田にあった時、既に草双紙《くさぞうし》に親しんでいたが、名古屋に移り、大惣《だいそう》という貸本屋を直接知り、なじむに及んで、草双紙や小説類を小山ほど借り出して来て、読み楽しんだのであった。この大惣というのは、詳しくいうと大野屋惣八で、明和（一七六四―七二）のころ、その四代目から貸本を業として、維新前後のは十代目に当っていた。曲亭馬琴や十返舎一九もこの大惣の主人とは親しく交わったと言われているが、文化・文政以降の文人・戯作者《げさくしゃ》たちは、いずれも深い関係を持っていた。三棟の土蔵にぎっしり蔵書が詰まっていたというのだから、三都（京都・江戸・大阪）にもその比を見ないほどの、日本で最古最大の貸本屋であった。

　大惣との結び付きのきっかけは、どうしてであったか明らかでないが、母か姉のために借り出しの使いを勧めたようなことからではなかったろうか。それはともかくとして、逍遙の大惣通いの日課は、その後ずっと続き、寺子屋から漢学塾・洋学校と進んでも変らなかった。いや、ますます熱をあげて、日曜日などには、弁当と座ぶとんを抱えていって、大惣の冷い土蔵の中にすわり込んで、一日中読みふけるという打ち込み方であった。

なお大惣は、明治中期に営業を縮小し、大正初年に全く廃業してしまったが、逍遙は東京大学時代もその後も、名古屋に帰ると必ず大惣へ立ち寄るのが常だった。また蔵書を処分する際にも、相談を受けもし世話もした。それほど深い関係にあったので、後年になってもしばしば大惣の夢を見たといっている。

逍遙の親友春城市島謙吉は、ある時一千種以上にも及ぶ江戸小説の目録を示されて、それが大惣から借り出して読んだ書目の大略だと聞かされて、その広さ深さに驚いたと語っている。逍遙自らも、大惣についての追憶を述べているが、その一節には「大惣は、先方が無意識であり、不言不説であったのだが、私に取っては、多少お師匠様格の働きをしていたといってよい。とにかく、私のはなはだ粗笨《そほん》な文学的素養は、あの店の雑著から得たのであって、だれに教わったのでもなく、指導されたのでもないのだから、大惣は私の芸術的心作用の唯一の本地《ほんぢ》、すなわち『心の故郷《ふるさと》』であったといえる」とある。

逍遙が少年のころから劇を好んだのは、主として母の影響によるものであり、姉のお鐐《りょう》の芝居好きに刺激されたからでもあるが、また一つには大惣の貸本になじんだことと、表裏してのことだとも思われる。それは、江戸文芸の大半が芝居の世界につらなっており、劇的趣向に満ち、俳優の似顔絵で挿絵《さしえ》が描かれていたからである。

実際に逍遙が観劇した最初は、父の日記によると、十一歳の時で、明治二年十月八日、母方の従姉《いとこ》おしうに伴われての大曾根芝居である。翌十一月七日には、母に同行して清寿院芝居を見物している。父は劇に対しては全く無趣味であったばかりでなく、その謹厳な性格から卑俗な脚色や演技を好まなかったらしいが、こうして一―二度見物を許したのが皮切りとなって、その翌三年からは、公認の形となって、母と逍遙の観劇は続けられた。

ちょうど幕末の騒乱に一時さびれていた名古屋の芝居町が、王政維新と共に復活して、新しい劇場ができる、東京や京阪の名優が続々来演するという時代であった。嵐璃寛《あらしりかん》・嵐雛助《ひなすけ》・坂東《ばんどう》太郎・市川団蔵・中村宗十郎・助高屋高助・中村歌《か》六《ろく》らの一座による新古の歌舞伎狂言——近松以降の丸本物から、並木正三《しょうぞう》・鶴屋《つるや》南北《なんぼく》・瀬川如皐《じょこう》らの名作、河竹黙阿弥《もくあみ》の新作までの目ぼしい物を、約七年間見続けた逍遙の感激は、まことに大きなものであった。逍遙は、後に『少年時に観《み》た歌舞伎の追憶』において、その強い印象と陶酔振りを詳細に語っている。この名古屋の末広座・中村座・新守《しんもり》座・古袖《こそで》座・橘《たちばな》座その他の劇場をいわば教室として、劇に関する豊富な知識を身につけ、その生涯を劇界と結びつける方向づけをしたのである。

芝居ごっこ

が、直接には、十二歳から十三歳にかけては、年下の寺子友達を自宅へ連れて来て、折々は芝居ごっこをして遊んだ。もちろん逍遙が、まだ観劇をしたことのないこの子供一座のさしず役で、舞台監督を兼ねた座頭《ざがしら》俳優であった。自宅の角長屋が劇場というわけで、見て来た劇のある場面の筋を口立てで伝え、立回りを主に、せりふは各自がかってにしゃべるという即興劇であった。劇に必要な小道具類も逍遙が工夫して、菓子折や板目紙などを使って作った。この劇的遊戯は、芝居がおもしろくておもしろくてしようのなかった時代前期の一挿話である。

東京に出て官吏になっていた長兄の信益が、囚獄大佑《しゅうごくだゆう》となって、文字どおり錦《にしき》を飾って帰省したのは、明治四年、すなわち逍遙が十三歳の年の二月であった。これは四年ぶりで老父母を慰めようとしたのと、江戸から東京へ脱皮した維新後の文明開化の首都の容相を、見物に連れて行きたいための迎えの意味もあった。しかし、約十日間の滞在で、伴ったのは父だけで、母は病気勝ちだったので上京しなかった。父は四月十二日まで東京にいて、二十五日に帰宅した。

この長兄の言動が、坪内家にとって新しい光波を浴びせたことはいうまでもない。が、特に未完成の逍遙の将来の教育方針については、重大な示唆《しさ》を与えた。

長兄は父に対して寺子屋における学習の実際を尋ね、柳沢の書いた行書の手本を取り寄せて見て、「こんな字を習っていた日にゃ、師匠以上になったところで役には立たない。すぐ取り換えさせなくちゃいけません」と勧告した。それから外国語を学ばせることと、やがては東京へ出して勉学させることの必要とを、懇々と説いたのである。

明治五年（一八七二）専門の師につく

この結果、翌五年、十四歳の春には、旧藩士の書家青山暘成《ちょうせい》の門に移った。この人は、一時は門生千五百人に及んだというほどで、評判はよかった。たまたま次兄が辞職して帰宅したので、漢学もいっしょに当時名を知られた白水増田春邇《しゅんじ》郎《ろう》の私塾で学んだ。今度は素読《そどく》ばかりでなく、『十八史略』か『日本外史』あたりの講義を聞き、詩作の初歩も学んだらしい。家内中で藤の花見に出かけた春日《しゅんじつ》の行楽にも、逍遙だけがひとり詩会のために留守《るす》番をしたことが、父の日記にしるされている。これは、学問に自ら精進《しょうじん》し始めたことを物語っている。しかし、書道塾と漢学塾へは、英学校入学のため、そう長くは通わなかった。

生け花・茶・絵を習う

なお寺子屋に通っていた明治三年の夏ごろから、生け花と茶と絵を習わさせられていた。生け花と茶はおよそ一年半ばかりで中止したが、絵の方は明治六年まで足掛け四年続けた。師匠は、藩の御用絵師を勤めた四条派の喜田華堂であった。当時名古屋第一の名手と称されていた。特に専門の画家のところへ入門させたのは、絵が幼少のころから好きであったからではあるが、今日《こんにち》も保存されているその十六歳の時に描いた両親の肖像や、『書生気質《かたぎ》』の挿絵《さしえ》の下絵、あるいは後年自作の劇の舞台装置・仮面・衣裳・小道具などの考案を図示したものや、興のおもむくままに彩管をふるった晩年の即興画などを見ると、生来《せいらい》画才のあったことが知られるし、またこの間の修業が役立っているように思われる。

英語学校へ入学

英・仏二科の語学を教授する藩黌《はんこう》——一般には洋学校と呼ばれた——が創設されたのは、明治三年六月だったというが、翌四年には廃藩置県の結果、名古屋県

明治七年（一八七四）官立愛知英語学校へ入学

明治九年（一八七六）

英語学校というのになった。この英語学校に、長兄の説得に心を動かされた父は、明治五年八月、次兄と逍遙とを同時に入学させた。自然始めたばかりの漢学と書道は廃することになった。次兄は変則科、逍遙は本科へであった。始業は九月二日だった。長兄からは、弟たちの英学勉強を奨励して、『英和字書』や『英国史』等が送られて来た。

　間もなく英語学校は一旦廃止されて、県立成美学校という名で復活された。逍遙はこれに再入学したが、次兄は今度は就学しなかった。この成美学校もわずか半年足らずで閉じることになったが、官立愛知英語学校ができたので、明治七年八月、開校と同時に入学した。修業年限は四年であったが、学力考査によって相当学年に編入された。明治九年二月には、逍遙は第四年級の第一期生中にその名を連ねていた。しかも注目されることは、旧英語学校・成美学校時代に英語を教わった人たちふたりと、ここでは既に同級になっていた事実で、その進歩のほどは十分推察される。

この愛知英語学校在学三年間は、自宅を離れて寄宿舎生活を続けて勉学に努めたので、自然観劇の機会はずっと少なくなった。その代り、同級の後の八代（六郎）海軍大将と藤の花見に出かけたり、級友たちと伊勢参宮旅行をしたりするようなこともあって、生活の態度や状態もすっかり以前とは変っていた。

シェークスピヤ劇への興味

外人教師の中では、米人のドクター・レーザムのゼスチュア入りのエロキューションと、米人マックレランの教科書中にあったシェークスピヤ劇からの抜文の朗読が興味を誘い、また深い印象を与えた。「かれが『ハムレット』の独白《せりふ》を、立って身振り混じりで、ポケットのナイフを逆手《さかて》に持って、ツービー・オア・ナット・ツービーなど、表情までして朗読してくれたのは、不思議に今もなお耳目に残っている。私が外国劇のセリフ回しらしいものを聞いたのは、実際それが初耳であった」と、逍遙はその記憶を語っている。逍遙と切っても切れない関係にあったシェークスピヤとは、この名古屋の学校における外人教師の紹介によって知己となり、終生離れがたいものとなったのである。

三　青年時代

官立愛知英語学校を逍遙が卒業したのは、明治九年、十八歳の七月であった。ただちに県の選抜生として東京へ遊学することが決まった。それは父の希望するところでもあったが、長兄の早くからの激励と、次兄の自分が両親のもとにとどまって孝養を尽すからという陰の支持があったからだった。逍遙はこの事を、後後までも深く感謝していた。

名古屋を出発したのは、同年八月二十一日のことで、同行は八代ら同級生だった四人と、ほかにやや年少の四人とをあわせた八名、それに逍遙よりは一つ年下ではあったが、既に東京開成学校の生徒であった加藤高明が加わり、何かと世話をやいてくれた。鉄道がまだ東京・横浜間に通じたばかりだったので、伊勢の四日市から横浜へ向かった。途中遠州御前崎《おまえざき》と相模灘《さがみなだ》では暗礁や浅瀬に乗りあげるという騒ぎもあったが、それでも二十六日には、無事に東京へ着いた。逍遙は新橋駅で友人たちと別れて、麹町区《こうじまち》(今の千代田区)上六番町にあった長兄信益の所に身を寄せた。目ざす開成学校の入学試験は、九月上旬に行われた。身体検査のほか、国書邦文・英語・地誌・数学・万国史等の学科が考査されたが、逍遙は首尾よく合格した。

開成学校へ入学

この時、逍遙と共に開成学校に入学したのは、東京英語学校出身の高田早苗《さなえ》・市島謙吉・田中館愛橘《たなかだてあいきつ》・藤沢利喜太郎・砂川雄峻・土方寧《ひじかた》・渡辺安積・赤井雄をはじめ、大阪からの有賀長雄・三崎亀之助・山田喜之助、広島からの山田一郎・田原栄らといった、全国七か所の官立英語学校から集まった俊英七十九名だった。

開成学校は、現在の東京大学の前身ではあるが、場所は神田の一つ橋外にあった。普通科と本科に分かれており、修業年限は各三か年であった。逍遙は、予科に当る普通科第三級C組に編入された。この学校を選んだのは、父兄としては将来官途に就かせようとの積りだったに違いないが、逍遙自身としては、漠然たる文科系統の勉学に情熱を持っていた程度で、文学者になろうという考えなどはなかったらしい。もっとも名古屋以来の友人八代らは、このころ既に逍遙を未来の文学者・小説家と目していた。

普通科の教科中、文学に縁のあるものは比較的少なく、わずかに英語の中の修辞学と英文学ぐらいのものだった。そして、国語と漢文の時間を除くと、外人はもとより邦人教師でも、教授には国語を使わず、ほとんど英語ばかりだった。

入学二か月後の十一月から、学生はみんな寄宿舎にはいることになった。ちょうどそのころ逍遙は脚気《かっけ》を病んで、二週間ばかり医学部に入院したが、それが直るとすぐ長兄の宅を引払い入舎した。以後、兄嫁マス子の死と兄信益の病気看護のためのわずかの期間を除き、逍遙の寄宿舎生活は六年続いたのである。逍遙のはいったのは、九番館という建物であった。学習室と寝室との別があったが、どちらも八人制であった。その生活振りは、各府県から選抜された給費生の雑然たる最初の集まりであったので、百人百色で蛮的《ばんてき》でもあったが、それだけに各人が自分を延ばす自由さもあり、無邪気さもあった。

「私のごときは明らかにどういう特色もない男であった。年齢よりもずっと晩手《おくて》の、意気地のない、どちらかというと、怠け者肌の、ぬらくらとした、のん気な極楽とんぼの学生であった。もし強いていささか他と違っていた点を挙げるなら、同窓と遠足にでも出かければ、興に乗じて駄洒落《だじやれ》をいい、それを種に八笑人的紀行文を戯文式に書きなぐったり、時々まずい馬琴調の小説の断片見たようなものをつづったりして、余暇を徒費していたぐらいのものだ」と逍遙は当時の自己について述べている。同室者中では、赤井雄(理学部に進み中退、のち正金銀行ハワイ支店長)と親しかった。赤井は役者の声色をよくし、円朝《えんちょう》や燕枝《えんし》の真似《まね》を得意とした。赤井と逍遙が発起して、九番館の連中で、筆写の回覧雑誌を出したこともあった。赤井が春水張りの小説を書き、逍遥がそのさし絵を描いて好評を博したこともあったが、この雑誌は半年ばかりで中絶してしまった。

逍遥とは同室ではなかったが、最も親しく交わるに至ったのは、半峰高田早苗《さなえ》だった。この両者が、同級生も多い中で、どうして特に真っ先に親交を結ぶようになったかは、後になって逍遥自身思い出せないといっているが、「多分、いなか育ちのくせに、化政(文化文政)度文学の感化で、江戸趣味崇拝であったから、根生《お》いの江戸っ子で、しかも極く親しみ易い人でもあり、小説好き歌舞伎好きであり、また非常に親切な、なつかしい性格の人であったところから、自然と半峰君に接近したのでもあったろう」といい、高田も、「馬琴とか団十郎とかいう話が、両人間の交渉をますます厚くする種となった」と語っている。

当時福沢諭吉らのいわゆる演説会に刺激されて、開成学校の学生間でも演説討

明治十年(一八七七)東京大学予備門へ編入さる

論の風潮は盛んであり、同学年の連中によって共話会が結ばれたが、やがてその一部の者が分離して、戊寅《ぼいん》社を作り対立するようになった。そこでこの二派に属さない人々が、高田を中心に晩成会を結成した。この会の他と異なる点は、演説ばかりを目的とせず、文学韻事の研究をもあげていたことである。会員には、関直彦・天野《あまの》為之《ためゆき》・香坂駒太郎・石渡《いしわた》敏一らがあったが、逍遙はもちろん第一の参加者だった。そして演説会でも一―二度文学論らしいものをした。この会ができて、会員間に文学熱が盛んになると、逍遙の江戸文芸の知識と文才は、自然晩成会の中ばかりでなく、同窓の間に広く知られるようになった。

明治十年四月、学制が改められ、開成学校の名称が廃されて、東京大学となった。大学四年、予備門四年(のち三年)と定められた。それで逍遙ら同級生は、この年九月の新学年から大学予備門の最上級に編入された。しかし、学科の方は、和漢文学の時間が少々加えられた程度でさして変更はなかった。

明治十一年（一八七八）文学部政治学科を選ぶ

翌十一年七月、二十歳で予科のコースを終り、九月に本科に進んだ。ここで逍遙は、文学部の政治学科を選んだ。そのころの文学部は、第一史学（十二年以後は理財学・哲学）・政治学科、第二和漢学科に分かれていた。もっとも第一学年は全く共通、第二学年で第一と第二とに分かれ、第四学年で初めてその専攻学科を専修するのであった。逍遙が政治学科に決めたのは、第二の和漢学科はいわゆる古典の訓詁註釈的な講義で興味が持てず、史学には魅力があったが、史学科教師のサイルやクーパーの講義がドライだったので、これを避けた結果こうならざるを得なかったのである。

大学ではホートンが英文学を担当、主としてチョーサー、スペンサー、ミルトン、シェークスピヤなどを講じたが、逍遙に西洋小説への手引きをしたのは、ホートンではなく、むしろ同級生の高田だった。『半峰昔ばなし』で高田は、「ある日小川町辺りの牛肉屋へ登って飯を食っていると、隣席に岡倉覚三・福富孝季の両君がいた。このふたりはわれわれより二学年の先輩であって、談たまたま西洋小説の事に及ぶと、岡倉君はしきりにビクトル・ユゴーの『レ・ミゼラブル』の話をする。また福富君はジューマの『モント・クリスト』の話をし出した。私も負けぬ気で、スコットの『アイバンホー』の略筋を語り、互にすこぶる興味を感じたのであった。西洋文学、ことにその小説を日本の学生が読み始めたのはそのころだと思う」と述べている。高田・岡倉らの小説論、ジューマと馬琴、スコットとリットンの優劣論などは、牛肉屋ばかりでなく、厳寒の季節には寮の小使部屋の炉辺で、時々花を咲かしたが、そのころの逍遙はただ無言で傍聴していたに過ぎなかった。往時を回想して逍遙は、「大学にはいってからとても、通り一ぺんの聴講をしていただけで、どの教師からもこれぞという感銘を受けたこともなかった。外国文学に対する好尚《こうしょう》は、主として半峰君の誘発にもとづいて助長された。同君の感化は、在学当時の私には、種々の点で著大であった」と感謝の意をこめて語っている。

逍遥は明治十二年九月、本科二年に進んだ。この学年から法文学部は法学部と文学部とに分かれた。文学部の二年になったのは、逍遥のほか有賀長雄・山田一郎・福井彦二郎・市島謙吉・高田早苗・真崎孝八・天野為之の七人であった。その他は法学部へ進んだ。文学部の教師中、前年の夏来朝したばかりのフェノロサは、ハーバァード大学出身のまだ二十五―六歳の新進学徒であったが、その才気あふれる学殖と熱心な教授振りは、全学生をひきつけ、多大の影響を与えた。そのデカルトからヘーゲルまでの哲学史講義は、雄弁に述べられたので、逍遥はその筆記にはかなり困ったようである。

明治十二年（一八七九）文学部二年に進む

この年冬季休暇に、妻を失い中風で倒れた長兄に同行し、翌十三年一月まで熱海に滞在した逍遥は、そのころ盛んに読んだ西洋小説の一つであるサー・ウォーター・スコット作の『ラムマアムーアの新婦』を、その看護の合間をみては訳し

明治十三年（一八八〇）最初の単行本『春風情話』

た。この原作は取り立てていうほどの傑作ではないが、深刻で悲劇的なところに興味を持ったものらしく、風俗・人物をばことごとくわが武家時代のことに翻案して、馬琴張りの七五調・八六調で意訳したのである。特に出版するつもりでの訳業ではなかったが、四月、東京英語学校の教師であった橘《たちばな》顕三訳という名義のもとに、『春風情話』として発行された。これには当時統計院の官吏だった小川為次郎の序文が付けられていた。小川と橘とは知人関係だったので、序文も書き校閲もしたので、まだ大学生である逍遙名義では市場価値が乏しいからであった。

原作の約五分の一に過ぎない未完物ではあるが、事実上は逍遙の処女出版であり、スコットの作品中日本で紹介された最初のものである。書名の『春風情話』というのは、そのころの流行にならっただけで、内容を表明したものではない。

三学年には前年どおりの八人が揃って進級した。学課と受持教師にもさほどの変りはなかったが、クーパアは哲学と史学、フェノロサは政治学と理財学、大沢清臣が和文学、中村正直が漢文学を講じた。ホートンは引続き英文学であったが、初めて『ハムレット』を講義した。

月一会と花暦講

この三年生の間に、毎月一回会合して「日本の史料研究をする」目的で、月一会が組織された。これは研究的な団体としてばかりでなく、共話会・戊寅《ぼいん》社・晩成会という党派的対立を融和させることにもなり、時には合同して親睦を計るようにもなった。が、この月一会とはまた別に、逍遙命名の花暦講《かれきこう》なる全く風流遊びの集りも時々は催された。会するもの十余名、仮装したり、茶番を演じたり、駄洒落《だじゃれ》を連発しながら、四季折々の眺《なが》めを賞するのであった。こうした遊楽については、江戸文芸通の逍遙は、同輩たちの先達格だった。

一方学課のことになると、身が入らなかった。教室へは出ていても、歴史小説の趣向などを考えていたりして、講師のことばをうわの空に聞いていた。『史記列伝』の訓読にも団・菊・左・宗らの仮声《こわいろ》を用いるという風であった。復習はせず、小説類をむさぼり読むか、夜はしばしば寄席《よせ》で時を過ごして、寄宿舎の門限に遅れることもあった。

明治十四年（一八八一）学年試験に不合格

明治十四年六月の学年試験に、逍遙は合格できなかった。試験ぐらいはと、たかをくくっていた楽天主義の逍遙も、これにはハッとせざるを得なかった。ことにその前年の十一月、慈母を失った後だっただけに、悲痛なものがあった。失敗の直接原因は、フェノロサの課目の不出来《ふでき》にあった。しかし、この学年中間試験の際、ホートンの『ハムレット』で「王妃ガーツルードの性格を評せよ」という問題が出たのに対しても、その出題の焦点をはずして、逍遙は東洋流に解して王妃の行為を道徳的に評してしまった。そして、ひどく悪い点をつけられていた。

逍遙は大いに反省した。この及第できなかったという不幸な事態は、逍遙にとって、真面目になり、勉学に努めるためのよい転機となった。禍を福となす、非凡人の更生振りであった。『ハムレット』問題のしくじりは、やがて英書による

給費資格を失う

文学論や評論を読み漁《あさ》るようにもなり、その研究が進むにつれ、逍遙の頭の中には東西文学の比較がなされ、従来とは異なる一種の文学観が生じ、おのずから新しい小説論――『小説神髄』の構想――がはぐくまれていった。

また性格的にも、これまで母親譲りの文芸趣味におぼれ勝ちであったのが、この期を境に、精励・勤直であった父親の特性をそのままに表わすような変化を示した。事あるごとに厳しい自己反省を加える習慣もここに始まった。

落第したために、給費生資格を失った逍遙は、九月の新学年から寄宿舎を出て、神田猿楽町《さるがく》に下宿した。ここに学びつつ生活費を働き出す必要に迫られた。今でいうアルバイト生活である。そこで高田の世話で、英・漢・数の三課目の私立の予備校であった進文学舎の教師になった。ここでかなりの時間数を受持ったばかりでなく、なお下宿にも鴻臚《こうろ》学舎という看板を掲げて、十数名の学生を教えた。進文学舎で学んだ人々の中には、原嘉道・三上参次・朝比奈知泉・川上眉山《びさん》・石橋思案・下村海南・伊原青々園《いはらせいせいえん》があった。また鴻臚学舎——その八畳一間の下宿の自室に、先輩の依頼で同宿させて教えた学生に、後に東京大学教授法学博士の山崎覚次郎があった。山崎はそのころを追想して『中央公論』(第五十年第四号)誌上に、「当時先生逍遙は、自力で学資を調達されておったので、東京大学予備門の入学志望者をコーチされたのも、その一理由はこれがためであったと思う。入学準備の学校としてそのころ有名であったのは、共立学校(開成中学の前身)と成立学舎とで、本郷に進文学舎というのがあったが、上述の二校ほど盛んではなかった。しかしながら、坪内先生がこの進文学舎で教鞭《きょうべん》を執られておったので、私は共立学校から進文学舎へ転学した。これらの学校の生徒その他のために、先生は毎夕ユニオン第四リーダーを講義せられた。この種の講義がとかく無味乾燥《かんそう》に陥るのと正反対に、先生は時に身振りをなし、時に声色《こわいろ》を使われなどして、聴講者に非常な興味を覚えさせたのである。しかしながら、出席者は十名ぐらいだったかと思う」と述べている。

この山崎を同宿させ世話したことが機縁となって、山崎の父が重役であった掛川銀行の頭取永富謙八とも知ることになった。この永富は、逍遙の温厚誠実なる人物に感じて、ついにはその長子雄吉の監督をば託し、種々の便宜や庇護《ひご》をば与え、陰に陽にその生活を援助した。

明治十五年(一八八二)父の死

こうしてようやく自活の道が開けかけたところへ、父其楽《きらく》の死が報ぜられた。十五年一月二十六日のことであった。享年七十一。逍遙は母の時同様。臨終に会うことがかなわなかったばかりか、種々の都合で、すぐには駈けつけることもできなかった。前年の夏期休暇に帰省した時、父の古稀《こき》の賀宴に連なり得たことがせめてもの思い出であり、その死の枕辺《まくらべ》には次兄ばかりでなく、病を養う身ながら長兄があったことは、いささかの心やりであった。逍遙は二月になって帰郷した。その

独立独行の決意

ふたりの兄に会った逍遙は、家事のことや自身の将来のことを話合った。その

際父の遺産分配については固辞し、その辞退の真意を明らかにした両兄あての書状を残して再び上京した。その書には、両親の病中の看護をなし得ず、臨終にも会わなかった不孝をわび、遠く東京に遊学することを許された身を感謝し、遺産分与のことがあっても自分は除いていただきたい、父の病中に賜わった金子も返上したい、ただ今度帰省した費用十八円と東京への旅費いくらかは拝借させていただきたい、独立独行して参るためには経済上・勉学上、今後は帰郷もできないが、許容してもらいたい、なお一年少々で大学を卒業することになるが、万一在学中に病気になった時だけは愛助していただきたい、というのであった。一字一句青年らしい真剣味にあふれ、独立の決意に燃えている。「家もなく財産もなく、一個孤立の身」である逍遥が、学によって自立しょうとの誓いのことばとして、看過《かんか》することはできない。

六月の学年試験には、無事合格して、九月から、最高学年の四年生になった。

学生を預って監督す

大学で学ぶ傍ら昼間進文学舎で英語を教えたことは、前年同様であったが、山崎の従弟にあたる丘《おか》浅次郎（後の理学博士）を更に同居させたのを皮切りに、縁故者や友人の依頼で若い学生を預って監督するようになった。下宿の一室では狭いので、一時は進文学舎の寄宿舎に移ったが、借家して女中を雇うことにもなった。それも二人、三人、四人と寄宿生が増すにつれて、神田駿河台から今の文京区内を本郷元町一丁目・小石川表町・小石川初音町と適当な広さの家を求めて転居して回った。寄宿生には出入りもあったが、多い時には八－九人にもなった。山本万次郎（後の長谷川如是閑）もそのうちのひとりだった。夜は引続き寄宿生のほか一般希望者を迎えて英語を教えた。これを「壬午《じんご》学舎」と改称したのは、十五年の干支《えと》に因んでのことであった。こうした家塾と見られるものを、逍遙がやったのは、人々から若い学生を託するに足る人物であるとして、信用され懇請されたからであるが、一面生活費の幾分を得ようとしたからでもあった。けれども、それだけではなお不足で

『清治湯の講釈』

明治十六年（一八八三）東京大学卒業

あったので、しきりに著訳に努めた。

まず九月から十二月にかけて、『東京絵入新聞』に『清治《せいじ》湯《とう》の講釈』という啓蒙的な政治解説を載せたのを初めとして、『内外政党事情』（『江湖新聞』を改題したもの）や故郷の名古屋の新聞などに、春のやおぼろの筆名で、政治的な戯文を発表した。

翌十六年六月、卒業試験が行われた。当時逍遥は胃腸を害していて苦しんだが、とにかく合格することができた。ただこの胃腸病は以来持病となって、終生薬を手放すことのできない身にした。七月十一日に卒業証書が授与された。同期の卒業生は、法・理・医・文四学部あわせて六十七人だった。次いで十月二十七日には、それぞれ専攻学科の学士号授与の式が行われ、逍遥は文学士となった。

四　小説の革新

東京専門学校の講師となる

大学を出た逍遙は、ただちに高田早苗の推薦で、その前年創立された東京専門学校（早稲田大学の前身）の講師となった。そのころの学士といえば、今日の博士以上に社会的に評価されたもので、官途に付くのが常道、教職を選ぶとしても官公立の学校に行くことも自由であった。それを親友に勧められたにしても、なぜそれだけでは収入も生活を支えるに足りないような一私立学校の講師に甘んじたのであろうか。前年両兄にその衷情《ちゆうじよう》を語った時にも漏らした「学事研究」を続けようとしたからである。文学がまだ一般からは尊重されず、従って大学を卒業した身で文学を事とする者はなかったが、逍遙はあえて人の歩まぬイバラの道を承知で大きく一歩を踏み出したのである。東京専門学校で主として、外国歴史・憲法論の訳解を講

明治十七年（一八八四）『春窓綺話』を公刊

じたほか、進文学舎でも依然英語を教え、『東京絵入新聞』『明治協会雑誌』等に寄稿したほか、この年早くもシェークスピヤの『ジュリアス・シーザー』を訳了している。サー・ウォルター・スコットの『湖上の美人《レデイ・オブ・ザ・レーク》』の訳稿もまとめた。

高田半峰と逍遙
（明治16年9月下旬撮影。逍遙遊人，半峰居士の文字も逍遙の自筆である。）

明治十七年一月、服部撫松《ぶしょう》（誠一）纂述《さんじゅつ》として『泰西活劇春窓綺話《しゅんそうきわ》』が公刊された。これは高田の協力も得て、逍遙の訳した前記スコットの『湖上の美人』にほかならない。書名も『春江奇縁』としてあったのが、『春窓綺話』と改められている。『逍遙書誌』の著者滝田貞治は、製作限界不明瞭なものとして、逍遙六ー七分、高田早苗三ー四分、これに天野《あまの》為之《ためゆき》を補助として成った共訳と注している。が、ともかくスコットの全訳紹介として、外国文学翻訳史上注目すべきものであった。

『該撒奇談』を公刊

この年五月に、「文学士坪内雄蔵訳」と署名して『該撒奇談自由《じゆうの》太刀《たち》余波《なごり》鋭鋒《きれあじ》』が、東洋館から刊行された。シェークスピヤの『ジュリアス・シーザー』の全訳である。六月六日の『読売新聞』はその社説欄で「東洋初めて訳書あり」と題して、この苦心の訳業に賞讃の辞を呈した。これに対して逍遙は、同月十一日の同紙上で、「敢《あえ》て当らず敢て当らず」という謝辞を述べている。参考書も乏しく、わずかにロルフの注釈とクラレンドン・プレスを座右にしての翻訳だったので、逍遙の労苦は並たいていのものではなかった。四十余年後選集別巻に収載するため本書を校訂した際、逍遙自身、「思ったより誤訳が少なかった」といっている。東洋館主の小野梓《あずさ》が非常な力の入れ方で、題簽《だいせん》も自分で書き、依田百川《よだひゃくせん》に嘱して漢文の序を添え、挿絵《さしえ》は渡辺省亭、装幀《そうてい》や用紙にも念を入れたにもかかわらず、あまり大衆受けはしなかった。しかし、識者の間では高く評価された。この『該撒《シーザル》奇《き》談《だん》』の中でシェークスピヤを「沙比阿翁」としたことが、その後わが国で、「沙翁」という略称が広く慣用される源泉をなしたのである。

家屋を新築

永富謙八の出資で、本郷真砂町に学生を監督するのに便利な家屋が新築されたのは、六月のことであった。そして、自宅での夜学教授は取りやめた。執筆に相当時間を要するようになったからでもあり、またこのころ脳充血を病んだからでもある。

明治十八年（一八八五）『慨世士伝』を公刊

明治十八年には、東京専門学校・進文学舎のほか、小石川同人社にも出講して英語を教えたが、著訳の上でも実にめざましい活躍をした。二月にまず「英国ロルド・リットン原著、日本文学士逍遥遊人翻訳」と署して、『開巻悲憤慨世士《がいせいし》伝《でん》』を出版した。これは歴史小説『リエンジー』前編のかなり忠実な意訳であった。当時のロマンティック好みの学生の要望に答えたものであり、また流行の政治小説として一部読者の胸を躍らせたものであった。だが、逍遙としてはひそかに文壇に対する啓蒙の意図を持っていた。それで、その「はしがき」において、小説の主体は人情世態を見るがごとくに描き出すにある、勧懲《かんちょう》主義をもって著作すべきでないと説き、馬琴は往時にあっては存在理由があったが、今日これに心酔すべきではないと戒め、東西両小説家の態度の相違は、たとえば本書の「女丈夫に逢《あ》う条」を読めば明らかになるだろうと述べたのであった。逍遙の最初の小説論である。そのころ整理訂正をなしつつあった『小説神髄』の序説とも見るべき論稿である。新時代の文学を打ち建てねばならぬとして気負っている逍遙は、あれだけ親しんで来た馬琴をば、過去の作家として捨て去ったかに見える。しかし、その文体においてはなお馬琴ふうの七五調であった。なまなかに江戸文芸の造詣《ぞうけい》の深さが、用語や文章までを新しくはさせなかったのである。

『当世書生気質』を公刊

次いで逍遥は『小説神髄』の旧稿に手を入れると共に、自らの理論を具体的に示す作品として、『書生気質《かたぎ》』を起稿し始めた。世に出たのは、書店の事情によって『一読三歎当世書生気質』の方が先になり、六月下旬から分冊形式の和紙印刷の小冊子として毎月一－二冊ずつ刊行、全二十回十七号全部が完成したのは、翌十九年一月のことであった。その表紙には「文学士春のやおぼろ先生戯著」としるしてあった。

当世書生気質
（初版本表紙，明治18年10月）

「はなはだ卑俗である。」「くだらぬ戯書だ。」「外国の政治小説でも訳した方がいい。」などという非難が加えられた。なお福沢諭吉が「文学士ともあろうものが、小説などという卑しいことに従事するとはけしからん」といったといううわささえ、まことしやかに伝えられた。

しかし、一方子規・露伴・魯庵《ろあん》などを初め文人・知識人の中には、おもしろいと感心し、賞賛するものも多くあった。親友の高田は『中央学術雑誌』に、本書の文学的批評を執筆した。それは決して仲間ぼめではなく、明治文学の進歩のために真剣に評論したのであって、東西の批評を比較し、一応小説論を述べ、この創作は社会小説(今でいう風俗小説の意と思われる)であると断じ、「明治第一の小説」と結論したが、欠点としては性格の平凡すぎること、心理描写が浅く、奇癖描写に依存しており、またペーソスとユーモアの平衡がとれておらず、地口《じぐち》・駄洒落《だじゃれ》や英語の挿入が多すぎることを鋭く突いていた。

この作は、「さる私塾」ということになっているが、明らかに東京大学寄宿舎時代の体験を基礎に、新旧混交せる明治十四－五年ころの都下の書生々活の見聞を巧みに織りまぜて書いたもので、登場する学生は約十人、いずれを主人公とせられないような構成で、ユーモラスに時代相とその生態を写実的に描いたものである。それだけに、第一号が発行されると間もなく、モデル問題がやかましくなった。作中の小町田粲爾は大学時代の友人だれ、守山友芳は友人だれ、……というのであった。作者は、小説の完結前に、それを否定した。特定のモデルがあったわけではないが、逍遙およびその周囲の幾人かのモンタージュ写真のようなものであったと見てよい。

題名にも角書《つのがき》を付けたあたり、旧時代的においも漂っているし、江戸文芸に通ずる戯作趣味が全く感ぜられないわけではないが、さすがに逍遙の描いた書生の群像には、仮名垣魯文《かながきろぶん》が『安愚楽鍋《あぐらなべ》』などで書いた書生とは、おのずから異なった実感とモダーンさがあった。この作品としての新鮮さと、大学出の文学士が書いた小説だという二重の興味を引いたことが、非常な人気を博するゆえんとなった。それで、二十年九月には、芝居にも脚色されて、京都四条の仲劇場で上演さ

自称「旧悪全書」

れた。竹柴諺蔵《たけしばげんぞう》の脚色、中村雀《じゃく》右衛門《えもん》・中村鴈治《がんじ》郎《ろう》の一座であった。

逍遙自身は、後年、この『書生気質』のことを「旧悪全書」と呼び、『逍遙選集』刊行の際にも一度はこの作を選ぶことを拒んだほどである。

小説神髄
（初版本扉　明治19年5月）

その文学史的意義

けれども文学史的意義を考えてみると、㈠『小説神髄』の理論をとにかく具現した作であること、㈡人間像の写実描写に成功していること、㈢近代的な会話体をもった新しい文章、㈣知識階級を小説とした先駆であること、㈤外国文学ふうの構成・手法を示したことなどは、この作品の没することのできぬ功績である。

少なくとも新旧両時代の掛け橋としての役を勤めたもので、明治期における近代小説の最初のものであった。

『小説神髄』を公刊

三か月遅れて、その九月に同じくパンフレット形式で、『小説神髄』第一号が発行された。これは翌十九年の四月まで連月続刊、第九号で完結した。のち上下両冊とされた。

上巻には小説総論・小説の変遷・小説の主眼・小説の種類・小説の稗益《ひえき》等の章を設け、下巻には小説法則総書・文体論・小説脚色の法則・時代物語の脚色・主人公の設置・叙事法等の章を置いた。そうして各章には東西小説から例があげられていた。

小説論としての参考書

本書に先行して、明治十年代のころにも、文学論めいたものは少しは現れていた。がそれは、主として修辞学的なもので、今日いう文学の概念を真に理解してのものではなかった。したがって、この著述に当って逍遙の参考したのは、いくらかの英文学史、外国雑誌に出ている評論、『大英百科全書』中の小説論、邦文のものに至っては、外山《とやま》・井上・矢田部らの『新体詩抄』、菊池大麓《だいろく》の『修辞及び華文』、フェノロサの『美術真説』、岡倉天心の雑誌所載の論文ぐらいのものであった。それだけに、これまで単なる文学の形式論や絵画にことよせた芸術論の段階から、文学の本質論にまで突き進んだ逍遙の小説論は、正に画期的なものであった。

明治文学の暁鐘

鷗外《おうがい》は後年、『小説神髄』はあの時出なくてはならなかった書だといったが、まさに出ずべき時に出たのである。ひたむきな逍遙の文学愛好、小説追求の心がおのずから凝《こ》って本書をなさしめたのではあるが、見方によっては時代そのものの、社会そのものの、要求としてまた代弁として、著者は第一線に押し出されたのだともいえる。こうして『小説神髄』は、明治文学の暁の鐘となった。

長編小説を執筆

この年から始まった明治二十年へかけての三年間の逍遙の創作活動は、全くすばらしく、号砲一発駈け出した選手のスタート・ダッシュのすさまじさがあった。

十八年のうちに、早くも結婚問題をテーマとした長編『妹《いも》と背《せ》かがみ』に起筆、また明治初頭以来の懸案たる条約改正問題と共に論議され、外人の内地雑居のことを取扱った準政治小説『内地雑居未来之《の》夢』をも書き始めた。後者の材料提案・立案援助は、市島謙吉と橘槐二郎《たちばなかいじろう》であったというが、逍遙はこれは純粋なノーベルとは考えず、寓意小説《アレゴリー》としていた。

寓意小説

ほかに、『京わらんべ』もこの年のうちに脱稿した、これは純然たる政治小説であった。国会開設を当て込んだ作だが、当時の流行世相を描写し、眼前の便利主義にとらわれて騒ぎ回っている国民の浮薄な態度を諷刺したものである。

政治小説

書店主の請いを入れて、当時行われていた師範学校編の『小学読本』を英文に書き直す仕事もした。逍遙としては、教科書関係に手を触れた最初である。

『英文小学読本』公刊

明治十九年一月から『新磨妹と背かがみ』、四月から『内地雑居未来之《の》夢』が、共に半紙判・和装のパンフレット式で発行された。

明治十九年（一八八六）

『妹と背かがみ』『内地雑居未来之夢』公刊

『妹と背かがみ』において、作中の人物の会話を別行書きにしていることは、海外小説の形式に学んだことではあろうが、わが国小説の表現技法上に先鞭《せんべん》をつけたものである。『未来之夢』は、予定のちょうど半ば、いよいよおもしろくなろうとするところで中絶してしまった。逍遙は最初、最も熱心な内地雑居許可論者であった改進党主大隈伯を間接的にでも支持するつもりで筆を執ったのであったろうが、書き進めるうちに架空の未来小説は芸術上成立し難いことを痛感し、もう書くのがいやになったから中止したのだと、その心境を堂々と公表した。しかし、その陰には二葉亭四迷との交渉、その影響によるものがあるように思われる、もともと政治熱にははなはだ消極的な逍遙ではあったが。

『京わらんべ』『朗蘭夫人伝』公刊

『諷誡京わらんべ』が公刊されたのは六月。これには天台道士杉浦重剛の序がついていた。

フランス革命の大立物マダム・ローランの伝記小説に興味をそそられた逍遙は、

グレエス・ホワートソン、フィリップ・ホワートソン共著の『社交会の女王《ザ・クイーン・オブ・ソサエティ》』の第二編を、まる一か月で訳了、『泰西女丈夫伝朗蘭《ローラン》夫人伝』と題して刊行した。後には『淑女亀鑑交際之《の》女王』と改題された。この書で特に注目されるのは、冷々亭杏雨《きょうう》の序文が付いていることである。杏雨は四迷の別号である。逍遙が年少後輩の二葉亭にこの訳書の序を書かせたことは、もとより二葉亭に対する傾倒、敬意の現れではあるが、他面この新進の存在を世間に紹介し印象付けようとする配慮もあったと思われる。なおこの訳文では、和漢折衷《せっちゅう》の一種の新調和体を示している。これも二葉亭と文学論を談じての結果、新文体を創造しようとしての試みであったとも見られる。

『巣守の妻』

　六月からは、『女学叢誌』という雑誌に、外国の通俗小説を翻案、『巣守の妻』と題して十五回にわたって連載、二十年の三月に完結した。境遇的に恵まれなかったヘロインお民が、夫への愛によって自己を教育し、ついにりっぱな家庭の女性に生長する過程を描いたものであった。単行本になった時は『可憐嬢《かれんじょう》』と改題された。

双六を作る

『読売新聞』紙上に十回以上も筆を執ったほか、『中央学術雑誌』等にも『稗《ひ》史《し》家略伝並《ならび》に批評』のような連載物を初め三四の論稿を発表したが、進文学舎・東京専門学校には前年同様出講、さらに『政学講義録』には「歴史」を書いた。景物的なものとしては、『新双六淑女鑑《しんすごろくしゅくじょかがみ》』がある。小林清親《きよちか》の木版彩色画で、小説的趣向を凝らしたもので、しかも教訓的な双六《すごろく》だった。

学校関係は、進文学舎と東京専門学校のほか、春から一週三回駿河台の成立学舎男女両部をも教えるようになった。それで同人社は辞した。

長兄信益死去

この年は、吉凶二つの事がらが逍遙の身に起った。一つは、五月十六日に長兄信益が病没したことである。逍遙の進学を積極的に勧め、その上京後は保護者として支援を惜しまなかった最大の恩人を失い、力を落さずにはいられなかった。

しかも学校の関係などもあり、ただちに帰郷するわけには行かなかった。郷里の次兄義衛が葬儀万端を処理してくれた。やっと小閑を得て九月初めに名古屋に帰り墓参をした。

名古屋での学術大演説会

父の死後帰省した時から数えてまる四年目、そのころ一介の書生にすぎなかった逍遙は、今や天下に文名をうたわれた新興文壇の第一人者として迎えられた。九月十四日には、扶桑《ふそう》新報社の中川善次郎社主らの主催で、少年のころの観劇の思い出もなつかしい末広座で、逍遙歓迎の学術大演説会が開かれた。土地の弁士十名を揃え、聴衆また三千を越えるという盛会であった。演説は、逍遙はこの時が最初であったが、生来の快調の音声、巧妙な引例、絶妙な話術をもって、「美術(芸術の意)の要は哲学の講究し得ない真理を発揮するにある」という主旨を述べて、大喝采《かっさい》を博した。閉会後、秋琴楼で懇親会が催された。滞在約二週日、翌十五日に東京へ向かった。

慶事は、セン夫人を本郷真砂町十九番地の宅に迎えたことであった。逍遙の日記には、「十月二十二日、結婚式を行う。午後四時過ぎ、雨、永富夫妻、鵜飼《うかい》夫妻至る。宴を開く、八時解散。」とある。夫人は、尾張国愛知郡寺野村加藤孫右衛門の娘であるが、掛川銀行東京支店員鵜飼常親の養女として、掛川銀行頭取永富謙八夫妻の媒酌《しゃく》で嫁したのである。時に逍遙は二十八歳、夫人は二十二歳であった。

翌二十三日には、同居者の矢崎鎮四郎《ちんしろう》(嵯峨の屋)や学生の山崎・永富・丘・飯田・山本兄弟・八木・賀古らを集めての披露があった。翌月六日には、永富・鵜飼らも再び出席して、知己友人らを披露宴に招いた。

逍遙の若き日の根津の花街における艶聞《えんぶん》が新聞に報ぜられていたので、この結婚のこともすぐに人々の口の端《は》に上った。世間の一部には、夫人の前歴にのみこだわって陰で非難する者もあり、この結婚を何か道徳的に欠けたものであるかのように見る目もあった。親友の高田がこの事について後年、「坪内君は実に純情な男だ。純情すぎる。そのために自ら求めてずいぶん苦労している」といったというが、逍遙の深い愛情と堅い信念は少しもゆるがなかった。むしろかりそめの縁から契った、不幸な境遇にあった夫人を救出し、良家の子女以上の品性高き女性、真に終生の好伴侶《はんりょ》にまで仕立てあげようとしたのであった。

先に述べた、この年婦人雑誌に連載しつつあった、女性の向上と奮起を期待した作意の『巣守りの妻』、後の『可憐嬢』は、セン夫人への励ましであり、また逍遙の当時の夢であったとも思われる。しかもそれはりっぱに現実化された。逍遙夫妻のその努力は並たいていのものではなかったであろうけれど。夫人は明治型の美人で、生来利発なひとであった。だが、一面我執《がしゅう》の強いところもあったといわれている。しかし、逍遙に対する絶対の敬愛の念と、指導を仰いでやまなかった意欲と努力は、ついに理想の妻女たらしめたのであった。

りっぱであったセン夫人

明治24年の夫妻
（ペン書きは逍遥自筆）

父譲りの天性もあったろうが、逍遥の対女性関係の純潔さは、その結婚にからまる初一念に深く連なる愛と信の実践にほかならない。夫人もまたよく努めた。逍遥の文芸・事業に対する理解はもとより、家事や経済方面のわずらわしい雑務から、やがては著述編集の手助けまでも引受けて、文字どおり影の形に添うように内助の人として、逍遥の内外における活動を援《たす》けた。しかも生涯を通じて表立つことをせず、つつましやかな婦道を守っての行動は、その前身を問題にされるようなことを許さなかったばかりか、幾多の知友・門下をして真に夫人を尊敬させるに至ったのであった。逍遙没後においても、よくその遺志に基いていっさいを処理し、その遺産のごときも少しでも多くしてこれを演劇博物館関係の資とせんとして、粗衣粗食に甘んじ倹約を旨としたことは、まことにりっぱであった。なお逍遙は、セン夫人を家庭にあっては常に「おせき」と呼んでいた。

明治二十年（一八八七）家庭小説『此処やかし こ』

明治二十年一月、読売新聞社の客員になった。このころジッケンズの作品を愛読していた逍遙は、十六歳の少年富吉賛平を主人公とした家庭小説『此処《ここ》やかしこ』を、三月から『絵入朝野新聞』に執筆したが、病気のため未完のまま中止してしまった。この作は、二葉亭や美妙らの主張した口語体ではないが、文語脈的な言文一致の文体として特に注目される小説である。脳の具合が悪かったので筆を途中で絶ったには違いないが、逍遙の潔癖さが、自宅にいた嵯峨《さが》の屋が好意的に他新聞にこの作品のちょうちん持的評を書いてくれたことがきっかけとなって、書き続ける意欲を失わせてしまったのでもあった。そして、しばらくは『読売新聞』への論説の筆も執らなかった。十八－九年の流れるように論に作に書き継いで行ったころと比べると、正にスランプ状態であった。いや、反省期にはいったのだと見るべきかもしれない。

文壇での交友関係 斎藤緑雨

逍遥の文壇における交遊関係は、いずれも『書生気質』を発表してから始まったのであるが、一番初めに来訪したのは、当時「江東みどり」と称していた後の斎藤緑雨だった。『今日新聞』の記者であったが、まだ十九歳のシスター・ボーイ型の文学青年だった。逍遥は最初の意図に反して論よりも作の方が先に出たことを遺憾とし、世間の誤解に対する弁明のつもりで、『小説神髄』の一部――『小説の主眼』を『自由燈』に掲げたのは、彼の勧めによったもので、この雑誌には緑雨が関係していたからでもあった。

二葉亭四迷

二葉亭四迷（長谷川辰之助）が逍遥宅を初めて尋ねたのは、はっきりはわからないが、十九年の一月十日ごろだったらしい。『小説神髄』の文学論に関して教えを請うためだった。以来何度か会い、話合ううちに、この二十三歳の青年に、逍遙は種々啓発されるところがあった。ふたりは急速に心友として結ばれた。しかも二葉亭の死後までもその面倒をみたほどで、逍遙の交友の情は少しも変らなかった。

『浮雲』に補筆

二葉亭の『新編浮雲』が逍遙の補筆を得、逍遙の作として発行されたのは、二十年の七月だった。この作は、日本最初の近代的リアリズムの小説だった。そしてまた、山田美妙の『夏木立《こだち》』と共に、わが国最初の言文一致体の作品でもあった。それから、この前年発表された二葉亭の『小説総論』には、彼の文学に対する根本的な考えを述べ、その短い文章の中によく近代的なリアリズムの本質を明らかに説いていた。

逍遙の『小説神髄』『書生気質』の先導があったればこそ、その誘い水があったればの、二葉亭の『小説総論』であり、『浮雲』であったが、その徹底した近代性を見ると、それはあとから来て数歩を先んじたものであって、逍遥は強く内省せざるを得なかった。そのスランプに陥った有力な原因と思われる。

嵯峨の屋を逍遥のところへ同伴して来たのも、二葉亭であった。このふたりは、外国語学校での友人である。そのころ逍遥は、饗庭《あえば》篁村《こうそん》(与三郎、別号竹のや主人)や関根正直(後の文学博士)などとも親しく交わっていた。『読売新聞』紙上に数回にわたり逍遥が激励の公開状を書いたことを徳とした河竹黙阿弥《もくあみ》は、篁村を仲立ちとして逍遥に対面、謝辞を述べた。

文壇以外の知名の人としては、新進の少壮官吏金子堅太郎(後の伯爵)や画壇の巨匠狩《かの》野《う》芳崖《ほうがい》が、共に読者としての感激から、突然来訪して逍遥を驚かせ、それぞれ気軽に会談して行ったのも、この時代のことだった。こうしたことは、既に逍遥が新興文壇の第一人者として、社会から広く認められたことを端的に物語るものであった。

学生の監督を辞す

これまで預っていた学生たちも追々大学その他の上級学校へ入学する者が多くなったので、監督の要もあるまいというのでこれを辞し、永富に話してその家屋を処分して、売却代金を返し、六月に同じ真砂町内の二十五番地の借宅に移った。これとほとんど同時に、進文学舎(進文学校と改組改称されていた)と成立学舎の教師もよした。

関西へ旅行甥大造を伴い帰京

夏期休暇を利用して、郷里をはじめ京都・大阪方面を単身旅行した。そして、長兄の遺子大造を名古屋から伴って帰京した。

朝日新聞社から好条件をもって入社を勧められたが、家人や親友の反対があったので、一時は気が動いたが、結局断ってしまった。

探偵小説『贋金つかひ』

前後四十八日に及んだ旅行のあとは、気分も転換し多少健康も回復したので、十月一日から十二月まで、『読売新聞』に小説『種拾ひ』『贋金《にせがね》つかひ』と短篇『忘年会』を順次連載した。アンナ・カザリン・グリーンの翻案である探偵小説『贋金つかひ』は、ぐっとおもしろくというねらいで筆を執ったものであったが、

明治二十一年(一八八八)『松の内』公刊

政治小説『外務大臣』

読者の受けはなかなかよかった。

明けて、二十一年、逍遙は三十歳だった。前年に引続き、一月から小説『松の内』を『読売新聞』に執筆した。この作は、八月に単行本として発行された。極く単純な構成の作品であるが、東京から塔の沢を回って熱海まで行く主人公風間銑《せん》三郎(書生)の心理描写を中心にした点に、逍遙の他の小説と趣を異にした興味があるが、また風間対おみの(主人の姪)と、二葉亭の『浮雲』の文三対お勢との間には、一脈の相通ずるものがあることも見のがせない。

二月になって、大隈重信《おおくましげのぶ》が伊藤内閣の外務大臣となり、国民の期待をになって条約改正の難問を解決しようとするのを見て、読売新聞社の主筆だった高田は、強いて逍遙に政治小説『外務大臣』を執筆せしめた。逍遙は気が進まなかった。「共酔居士翻案」という名で発表していることでも、それが乗り気でなかったことが知られる。伊藤博文・井上馨・黒田清隆・大隈重信といった人物を思わせる要路の人々や欧化主義の世相を背景にして、男女交際の表裏、佳人俊英の恋愛、壮士や探偵の活躍、大臣暗殺未遂事件などを扱ったものであったが、大隈伯爵家の奥向きから抗議がでると、二か月半ばかりで未完のまま、あっさりと中止してしまった。もちろん単行本にもならなかった。

『無敵の刃』

一方これも親友市島が主筆をしていた『新潟新聞』から懇請されて、二月から翻訳小説『無敵の刃《やいば》』を執筆したが、約二か月の後、未完のまま中絶してしまった。大ナポレオンの秘密探偵長であったジョセフ・フーシェを主人公として、反ナポレオン党の志士ゼローム・レグランジとの対立闘争を描いたもので、当時のわが政界に似たところもあり、作者自身もおもしろいと思って訳筆を執ったものだけに、正に佳境に入ろうとするところで、筆を投げてしまったのは惜しかった。前年来の神経衰弱症気味もようやく加わっていた。

夏期休暇の七－八月は、静養の意味もあって、友人土子金四郎と京阪地方を漫遊した。

文学会に出席

九月八日、徳富蘇峰・森田思軒・朝比奈知泉らが発起で、文学会の発会式が、芝公園の三縁亭で開かれた。逍遥は、もちろん招かれて出席した。長谷川二葉亭は不参だったが、発起者以外依田《よだ》百川・高橋五郎・内田周平・矢野龍渓《りゅうけい》・山田美妙・久米幹文・竹越与三郎ら当代の大家連が顔を並べ、会の内容等について懇談をした。あとで美妙が、その席上で得た諸家の印象を、『明治文壇叢話』に書いているが、逍遥に関する部分のうちから一部を抄録してみよう。

山田美妙の描写した逍遥

……これが春のや氏かときっと目を注いで見ました。髪の毛は多い方、また厚い方、やや左へ寄せて分けてありました。あまり、櫛《くし》にやつかいは掛けたらしくないふう。度の強い細縁の近眼鏡を掛けていました。身につけたのは、変りじまの薄トビの格子《こうし》背広、白茶こはくのえり飾り、カラをばたくさんに現わして、金の角ボタンをつけていました。時計の金は少し目のつく所にちらつき、ポケットからハンケチがちょっと顔を出していました。坪内氏は洋服では背広を多く好む質と見え、この日に限らず集会または外出の時にはフロックまたは、モーニングを着けるのは、比較して少ない方です。初対面の口誼《こうぎ》を述べてそろそろよも山の話に移れば、その話にいつも角《かど》は立たず、ほとんどけんか場の話になっても、丸く語られるという方でした。近眼鏡がやや下の方にさがったためか、多くの人をば上の方から見て、そして応答の時しきりにうなずくのが癖で、相手の話が、いわば眼目という所になると「なァろど」といって、下にうなづいて微笑します。音声は太い方、また調子の高い方、あまり早くない方、会話の間にはおりおりこっけいが交じる方、問答の論が僻して出ても手強く反対も現われません。そのくせ話はますます語り進みます。ことばの音調には、名古屋ことばがなお面影を残していますが、なかなか知れません。ほとんど東京語そのままです。酒は飲まなくもありませんが、決して多くはなく、たばこをばなかなかに好んで、いつも喫煙の道具は携えます。が、おもな好みは刻みの紙巻たばこにあると見えて、携帯の品はたいていそれ、今も目につくのは鼈甲《べっこう》製のたばこ入れです。

とその外見を詳細に述べて、当時の逍遥の姿をまことによく伝えている。

五　教育と文芸への道

明治二十二年(一八八九)家庭小説『細君』

家庭悲劇を描いた『細君《さいくん》』は、短篇の割には筆が進まず時間を要し、逍遙としてはこれまでになく苦しんだ作であったが、明治二十二年一月『国民の友』に発表された時は、予想ほどに評判にならなかった。それは、同じ号に載った美妙の『胡蝶《こちょう》』の口絵が、当時としては珍らしい裸婦だったので、それが世間の問題になって騒がれ、落ち着いた作風の逍遙の小説が看過されたのでもあった。そして、この労作に対しての世評風説が、官吏某氏の家庭を暴露したものであるとか、旧友某氏の素行を描写したものであるとかという、全く的はずれのモデル問題だけにとどまったことも、逍遙にとっては不満であった。

「今年より断然小説を売品とすることを止め、ひたすら真実を旨とし、人生の観察に従事せんと定む」とは、この年の日記の巻頭にかかれた逍遙の決意の一端であった。このことは、単に小説を書く書かぬというだけでなく、逍遙のそれ以後の生涯に深い関係のある一大転機とも見られる。それまで安易な現実主義者であった逍遙は、潔癖な理想主義者になりつつあった。逍遙自身も後に、

今考えると、自分のこの変化は二葉亭の感化によつたというよりも、父および祖父の遺伝が然らしめたのであった。自分の容貌が神経家で、潔癖で、がんこで、正直一途で、無愛想で、偏屈であった父の面影に似かよって来たので心付いた。が、その遺伝を比較的早く、比較的有利に導き出してくれたのは、二葉亭の力であったろう。

と語っている。

作家としての活動以外、すでに述べて来たように、教壇の人としての仕事が、生活の資を得るためからではあったが、明治十四年の大学生時代からずっと続けられていた。また自宅に若い学生を寄宿させて監督をしたのも、先輩知己からの

要望があったからではあるが、逍遥に生れながらに教育者的資格があり、情熱と感興があったからでもある。

牛込余丁町へ移住

それが内省が激しくなり、創作の筆をしばらく絶つようになると、自然いっそう教育関係の事がらに心を向かわすようにもなり、また気分転換のため居を移すことを考えるに至らしめた。永富に相談の結果、月賦返済の約束でその融通を受け、今の新宿区――牛込余丁町百十二番地のクワ畑六百八十坪を買い入れた。その地内には、十八坪ほどの養蚕用の粗末な小屋があったので、それを仮住居として六月に、本郷の借宅から引越した。そして、新住宅の建築を始めた（落成したのは、翌年の二月だった）。

この年の二月に、次兄の義衛が初めて上京して来た。またこの月から、友人土子の依頼で、神田錦町の私立商業夜学校に、週五時間から七時間ほど出て英語と歴史を教えた。

『論理実習』公刊

東京専門学校では西洋史、憲法論の訳読・英米詩文集等を担当したが、同校出版部からは単行本『論理実習』を公刊した。また講義録として『全世界史』『近世史』『英国憲法史』『上古史』等を講述した。ほとんど主力をここに注いだらしく、『憲法雑誌』その他一―二のものに執筆したほかは、文壇に背を向けて一服しているようにさえ見えた。いや、それは教育へ本腰を入れようとして、身をかがめた姿態だったのである。

小説家懇親会に出席

しかし、文壇と絶縁したわけではなく、また文芸界としても逍遙を除くことは思いもよらぬことだった。四月十六日、向島の海老屋《えびや》で、條野採菊・須藤南翠・山田美妙・加藤紫芳・雑賀《さいが》柳香・若菜貞爾らが世話人で開かれた小説家懇親会には招かるるままに出席した。これは前年できた文学会とは全然別な、親睦の集りにすぎなかったが、何人かの文壇人を新たに知ることにはなった。九月十四日には日本演芸協会の委員会に出席した。逍遙は、前年組織された日本演芸矯風会《きょうふうかい》に委員としてまた嘱託員として名を列してはいたが、会そのものの方針が漠然《ばくぜん》とし

日本演芸協会に関与

ており、また演劇改良意見も異なるものがあったので、積極的には少しも協力しなかった。けれども、日本演芸協会の場合は、事実上の首脳者が高田早苗・岡倉天心であり、専任事務委員が逍遙が進文学舎で親しく教授した岡野紫水であったばかりでなく、会の主旨が国劇の特長を保存しつつ芸術としての向上を図《はか》ろうとする点にも共鳴されたので、当の逍遙は文芸委員として、かなり立ち入って関与することにもなった。これが、今まで一傍観者にすぎなかった逍遙を、やがて演劇革新事業に携わらせる導火線となったことは事実である。

明治二十三年(一八九〇)牛込余丁町の新宅落成

シェークスピヤ研究会

明治二十三年、牛込余丁町の新宅が完成すると、春から東京専門学校の学生有志をここに集めて、シェークスピヤの研究会を始めた。このころは専門学校では、高田がシェークスピヤを担当していて、逍遙は講義していなかった。まずテキストとしたのは、『ハムレット』だった。学生たちは、金子筑水・紀淑雄《きのよしお》・前田林外・桂湖村・奥泰資その他、少し遅れて水谷不倒も加わった。おもにハンタルとロルフの語釈によったというが、自ら学びつつ導いたのであった。『ハムレット』が終ると、『ロミオとジュリエット』に進んだ。この文学好きの有志学生の熱意がやがて文学科創設の一機縁となったのだが、講義する逍遙もまた、午後の暑い時でさえ三時間以上もシェークスピヤを講じてうまなかったその熱心さ真剣さには、金子らも感激しないではいられなかった。

文学科の創設

一方、東京専門学校当局者は、五月にいよいよ文学科の創設を決議した。七月には学生募集が発表され、九月から開講ということになった。最初の入学生は、前記の学生らを含めておよそ五十名だった。

文学科の新設は、東京専門学校の発展であり、時代の要望に応じようとしたものであるが、発案者たる逍遙はあくまでも和漢洋三文学の研究調和を企図したのである。それで、従来の英語専門科（政治・法律・行政の三科）に対して、英語文学科と称し、英文学を主体として、これに和・漢の両文学を配し、加うるに哲学・史学・政治・

授業時数四十時間

経済等をもってしたものだった。特に英語・英文学が重視されたことは、新時代の文化要素として当然のことだった。

創設時代逍遙が受持った英文学講座は、テーヌの『英文学史』、ダウデンの『シェークスピヤ』、シェークスピヤの『マクベス』、スコットの『湖上の美人』等であった。制度上、別に科長とか教頭とかいうものは設けられていなかったが、事実上は逍遙が科長であり、教頭であり、万事の切り盛《もり》をしたのだった。しかも、逍遙は、文学科以外にも出て、西洋史やバジオットの『憲法論』、ポスネットの『対照文学』、スイントンの『英米大家集』、スペンサーの『文体論』を講じたのであった。専門学校の授業時間は一週およそ二十四時間を下らなかった。そのほかに、四谷の私立明治英学校にも出ていたし、私立商業学校には蠣殻《かきがら》町に移転後も夜間教授をしていたので、この三校の授業時数を合わせると四十時間にも及んだ。英語学校と商業学校は、この年いっぱいで辞したが、この多忙の身をもって逍遥自ら率先して勉学に努め、学生を激励してやまなかった。感奮せずにはおれなかった学生たちは、同好の者同志幾つかのグループになって研究を競い合った。余丁町に通ってシェークスピヤ研究を続けた連中は、別に回覧雑誌『葛《くず》の葉』を出していたが、十月その第六号を『延葛集《ほうくずしゅう》』と改題し、会名も弥遠永会《びえんえいかい》(いやとほながのまとゐ)と付けた。このほか同志読書会だの、何々研究会だのといったものが二―三ならずあった。また回覧雑誌にも『文壇』というのもあったし、各科共通のものには『早稲田評論』と称するものがあった。

茶話会と文章会

逍遥はこれらの小研究団体を指導すると共に、「茶話会」という連合体の文学研究会を作らせた。十月三日には、その発会式が牛込筑土《つくど》八幡境内の松風亭で催された。この茶話会は、逍遥が討論の課題を提出して、各自に意見を述べさせて、最後に懇切な批判を下すことにしていたので、毎回必ず出席した。このほか「文章会」なるものを設けて、回覧雑誌を別に作りもした。

これらと相前後して朗読研究も行われるようになった。その試演会は、関根正直の主唱で、逍遙の賛助したものであったというが、十一月十四日に旧大講堂で開かれた。

この一年は、学事に終始した観があるが、それでも関係のある『読売新聞』には、二月から小説『一円紙幣の履歴』を掲げたのをはじめ、同紙上に連月『新聞紙の小説』その他の評論を執筆した。

明治二十四年(一八九一)

翌二十四年九月には、東京専門学校の制度が全体に改正されたが、文学科では特に哲学関係の課目を増加し、その方面の担当者として新進の大西祝《はじめ》(後の文学博士)を迎えた。この哲学科の併置《へいち》は、文学科をして学的に基礎づけ発展させたのであった。また逍遙の教育者としての熱意に感動した大西は、それに答えて進んで協力し、文学科のために尽し、逍遙ともども、学生たちに深大な感化を与えた。そして、その人格と学識において、逍遙は父、大西は母として、学生一同から仰がれるようになった。

早稲田文学会

この新学年に入学した島村抱月・後藤宙外・中島半次郎らの文学科第二期生も、先輩にならい茶話会を開くことにしたが、逍遥は合同を勧め、新たに「早稲田文学会」を組織させた。その第一回は、松風亭で九月二十三日に催された。参加者七十余名、この席上で逍遥は、雑誌『早稲田文学』の発行が決定したことを学生たちに発表した。

東京専門学校では、文学科が新設されるとすぐにも文学講義録を発行する予定であった。ところが、その計画を漏れ聞いた文学科の学生は、そうなれば学校へ来る必要がなくなるとして反対した。しかしこれは、一種の大学校外教育《ユニバーシティ・エキステンション》であると信じた逍遥は、今一つには文学科の社会に出る足がかり、発表機関の必要をも考えて、最初の講義録原案を改めた妥協案としての『早稲田文学』を考えたのであった。

『早稲田文学』の創刊

十月に出た創刊号には、逍遙は『シェークスピヤ脚本評注緒言』を書き、引続き二号以下には『美辞学の弁』『マクベス評注』を掲げた。発行当初の一年間は、事務は東京専門学校で扱い、編集責任者には逍遙が当った。月二回の発行だった。

『春廼家漫筆』公刊

明治二十五年(一八九二)

一方『読売新聞』には、一月一日の付録「筆はじめ」に『文界名所底知らずの湖』を書いたほか、五月から六月へかけては、論文『梓神子《あずさみこ》』を連載した。九月には、単行本『春廼《はるの》家《や》漫筆』を公刊した。

文学科創設三年目の明治二十五年には、新たに小屋《こや》保治(後の大塚・文学博士)が教壇に立つようになった。その他坪井九馬三・重野安繹《やすつぐ》・植村正久・井上十吉らも来講した。逍遙の努力で、東京専門学校の陣容も着々と整備充実されて行った。また大西の推薦で夏目漱石《そうせき》がミルトンの講義をしたり、藤代禎輔《ふじしろていすけ》が講壇に立ったりもした。第三期生としては、五十嵐《いからし》力《ちから》・朝河貫一・綱島梁川《りょうせん》らが入学した。

鷗外との論争

『早稲田文学』に対しては、逍遙は非常な情熱をもって、健筆をふるっていたが、はからずも第七号から第十四号までの誌上は、森鷗外との論争の場になったのであった。『小説神髄』以来没主観的文学観を抱いていた逍遙は、シェークスピヤ研究を続け、客観的批評の海外諸家の理論に接し、ついにいわゆる没理想をもって文学の本質とするに至った。それで『梓神子《あずさみこ》』の一節では、「批評はすべからくその作の本旨の所在を発揮することをもって専とすべきである。近ごろモールトンが唱える科学的批評の旨もこの意味にほかならない。演繹《えんえき》的専断批評の時代は去ろうとして、帰納的批評の時代が近づきつつある。とりわけ没理想の詩、すなわちドラマを評するには、没理想の評、すなわち帰納批評を正当とする」と述べたのであった。

この『梓神子』と『読売新聞』に掲げた『小説三派』の二論文に対して、鷗外が『しがらみ草紙』誌上に批判を加えたことに端を発して、明治文学史上空前の論戦が行われたのであった。

『梓神子』

『小説三派』において逍遙は、ストーリーを主とする古来の小説家を固有派とし、人物の性情を写すのを主とする者を折衷《せっちゅう》派とし、人間を主因とし有機的な事件を客観的に描く者を人間派として、これら三派の間にあえて優劣を設けなかった。これを不満とした鷗外は、逍遙の分類法を一応是認しつつも、この三派は単なる「派」ではなく、ハルトマンの類想・個想・小天地想に相当するものであるとして、批評標準の階級的意義を持つものであり、優劣の価値を含むものであると強調し、更に『梓神子』の論評に及んだ。そうして逍遙の言う帰納批評・科学批評・客観批評は、当面のわが批評界の時弊を救うものとしては傾聴されるが、真の批評は理想による演繹批評でなければならぬと主張した。

没理想論に対する見解の相違

両者は、もとより本質的に対立するものがあったからではあるが、また相互に誤解があり、ことに用語についての説明不足、見解の相違があったことも、この論争を意外にもつれさせたのだった。

攻撃的論評の鷗外に対して、初めから受けて立った形の逍遙は、内容の真面目《まじめ》なものにもかかわらず戯文まがいの文章でしたこと、最後に自身の方から、『小《しょう》羊子《ようし》が矢ぶみ』（論戦中止の文）を書いて打切りにしたことは、表面的には、逍遙が破れたかの観を呈した。しかし、これは幸田露伴がいったように、文学上の論戦としては実質的には物別れと見るべきで、勝負なし、預りと裁定するのが正当である。だが、逍遙の「没理想論」はこれで全く打捨てられたわけではなく、その後も慎重な態度と学的考察をもって、『美辞論稿』その他において言及されている。

『早稲田文学』の経営

それはともかくとして、『早稲田文学』の多数の読者からは、この論戦は歓迎されなかった。発行当初相当の売れ高を示していたものが、急に著しく減じてしまった。それで、東京専門学校は経営から手を引くことになった。

逍遙の負担は過重になったが、またそれだけに広義の文芸教育を行うための文学雑誌としての性格が打出されるようにもなった。

この年後半期に逍遙の執筆したものには、外国文芸の紹介・演劇方面の記事が目立って多い。

『大詐欺師』と『電小僧』

『都新聞』(東京新聞の前身)には、探偵小説の翻訳で売込んでいた黒岩涙香《るいこう》のあとを受けて、『大詐欺師《だいさぎし》』と『電小僧《いなずまこぞう》』とを三か月にわたって連載した。毎日専門学校への出勤前に脱稿して送付したものだという。『大詐欺師』は単行本になる時に『ふた心』と改題されたが、これは米国某作家の『偽りの友《フォールス・フレンド》』という天一坊まがいの事件を描いたものの翻案《ほんあん》だった。これが完結すると、すぐ翌日から訳出掲載されたのが『電小僧』で、ウイリアム・ハリソン・エインズオースの『ジャック・シェパード』が原作だった。この神出鬼没の怪賊を扱った大衆小説は、三分の一ぐらいで中止してしまった。この二つの新聞小説は、いずれも「十四堂主人記述・春の屋主人添作」と署名されてあったが、これは逍遙三十四歳の時なので、二十年若返って「十四童」(堂)になったつもりで筆を執ったという洒落《しゃれ》だった。

この年六月は、胃腸病静養のため上州磯部に滞在したが、七月には夫人を伴い日光・塩原に遊んだ。

明治二十六年（一八九三）

明治二十六年七月には、東京専門学校として文学科の第一回卒業生を送り出すことになった。それでその歓送の大懇親会が、六月十六日神田の錦輝館《きんき》で開かれた。講師・学生の参会百名を越した。司会は逍遙が勤めたが、まず祝辞を述べてから、「本日は法三章を守られたい。すなわち講師早く帰るな、講師に酒を強いるな、しかつめらしい演説をするな」と要望したのだった。この法三章は、いかにも逍遙の面目躍如《やくじょ》たるものがある。高田・大西の祝辞が終ると宴に移り、剣舞や浄瑠璃《じょうるり》などの余興があって、最後に桃太郎の鬼が島征伐《せいばつ》に擬《ぎ》した和漢洋の調和の要を説いた作意の諷刺喜劇が学生らによって演ぜられた。劇中に大和舞《やまとまい》あり、英語演説あり、奇術や団子《だんご》の曲づきのこつけいもあるといった賑やかな趣向は、喝采《かっさい》を博したが、これは逍遙の案と指導になったものだった。

諷刺喜劇

文学科第一回卒業生を世に送る

いよいよ七月十五日には、専門学校第十回得業証書授与式が行われ、文学科の卒業生二十八名もこれに加わっていた。校長鳩山和夫の式辞に対して、得業生総代として答辞を読んだのは文学科の土肥春曙《どいしゅんしょ》だった。後の新劇俳優土肥が総代に選ばれたのは、成績優秀のためではなく、美音と朗読に長じていたためだった。

この式場で、逍遙は祝辞を述べた。三年間労苦丹精の結果、ここに初めて文学科から得業生を送り出した喜びに、おのずから逍遙も感慨深いものがあった。その情感に高鳴る胸は、自身の切実な体験より生れた人生哲学を説き、また情熱をこめて早稲田精神――学問の独立・精神的教育・学問の活用・自主恃行《じこう》・学術併行・進歩向上・愛国心――を述べて、満場の人々を感激させた。この演説の要旨は、学内に大きな反響を呼んだ。これらは建学以来の学校の教育方針、その特質と精神を明確にしたものであると共に、逍遙その人の教育の理想であり、信念でもあった。この言説の大要は、後に逍遙の文集『文学その折々《おりおり》』にも採録されて

おり、今日読むことができるが、これによって身をもって人に先んじた逍遙の、

この前後の努力精進ぶりがいかに激しいものであったかが推察されるし、その全

生涯を通じて言行一致、指導精神を貫いた教育者逍遙のことばが、人々の心を動

かさずにはおかなかったゆえんも理解されるだろう。

学内での指導ばかりでなく、『早稲田文学』誌上に一月からは十二回にわたり

『美辞論稿』を連載、五月から九月にかけては『英文学史綱領』を講述した。前

者は一種の入門書たることを標榜してはいるが、単なる修辞学書ではなく、実は

美辞学の名に託して、没理想的文学観を述べた文章哲学であった。特別の研究や

周到な調査の上、非常な熱意をもって執筆した。分類表・表解法を応用して、論

旨を補足し進行を助けていることも、本稿の特長であった。情の文に力点を置い

た、和漢洋の引用文の豊富な、きわめて独創的な修辞論であったが、惜しいこと

には、雑誌そのものの大改革に際会したため、意の文に説き及ばずに打ち切られ

『美辞論稿』
『英文学史
綱領』

てしまった。
『英文学史綱領』もまたシェークスピヤ時代で中絶したのであるが、初学者のために特に文学史研究の方法論を説き、英国詩文の変遷を明らかにしたもので、当時これほど詳しくしかも平明に講述した外国文学史は、ほかには全くなかった。逍遙は学校ではテーヌの『英文学史』を講じていたが、これはストップフォード・ブルックの『古代英文学』その他を参考にして書いたのだった。また文学史研究のまだ進歩しなかったそのころ、研究の方法を指示し、「作品の想」ばかりでなく、「詞旨と詞形」をもあわせ研究すべきことを説いているのも卓見である。

早稲田文学社

九月には、『早稲田文学』進展のための脱皮が行われた。発行所は東京専門学校から逍遙宅に置かれた早稲田文学社に移った。同時に、従来の講義録式内容・体裁を脱して、文学雑誌たらしめようとしての改革が行われた。なお文学科の卒業生のために、その誌面の大半を提供することにもなった。金子馬治（筑水）・水谷弓彦(不倒)がまず社員となった。

前年来逍遙宅に書生として起居していた奥泰資は、雑誌創刊以来編集全般にわたって援《たす》けていたが、綱島梁川《りょうせん》もこの年寄食するようになってからは、編集補助を勧めた。

『小羊漫言』公刊

単行本『小羊《しょうよう》漫言』が公刊されたのは、六月だった。

甥士行を養子とする

七月には夫人と共に、展墓《てんぼ》かたがた病養中の次兄義衛を名古屋に見舞った。その際、その子士行を養子とすることを約束した。

十一月、次兄が士行を伴って上京した。時に士行は七歳だった。

文学科の中心であった逍遙は、毎月一回ずつ開催された茶話会あるいは専門学校文学会に出席して、学生たちを指導し、その文芸研究熱をあおり、学識を深めるための牽引車《けんいんしゃ》的役割を果したが、また年一回ぐらい催された講師・学生合同の遠足会や四月に行われる専門学校全体の春季運動会にも、必ず参加して和楽を共

明治二十七年(一八九四)余興の『地震加藤』

にし、特に文学科学生親睦のかなめにもなった。目黒方面へ遠足に出かけた時の、逍遙が加わってやった不思議な不器用な体操のおかしさなどは、長く語り草になったものであった。

明治二十七年四月十七日、向島《むこうじま》隅田園での運動会には、余興として文学科以外の同好学生も参加して、『地震加藤』一幕を、臨時掛小屋の舞台で演じた。そして、喝采《かっさい》を博したが、演じ終ると、登場者全員が扮装のまま舞台に現れて「かっぽれ」を踊った。演出指導はもちろん逍遙であったが、当日は人手不足だったので道具方をも兼ねて、地震の場ではガラガラガタガタという擬音効果をあげるために、自身も舞台裏で戸板をたたいたのであった。

ところが、数年前朗読をやったのをさえ、一部では非難したぐらいだから、この実演のうわさが伝わると、厳格派の講師や硬派の学生たちは黙ってはいなかった。それればかりでなく『読売』『報知』の二新聞は、「学生に脂粉《しふん》を装わしめ、河原乞食《こじき》のまねをさせるばかりか、自身までもと……」手きびしく論難攻撃をした。

非難に耐えて劇作へ

さすがに以後、逍遙も学校の催しには演劇をしようとはしなかったが、この非難は逍遙の演劇に対する主張や意図を打砕くことにはならなかった。むしろ史劇の論と作とに活躍する契機となった。同志の脚本朗読会はますます盛んになると共に、逍遙は史劇に筆を染めて『入鹿誅戮《いるかちゆうりく》』を起稿し、また十一月からは史劇『桐《きり》一葉《ひとは》』を『早稲田文学』に発表するに至った。この作は初め「鶴田沙石子稿・春のや補」としてあったが、のちには「春のや主人」とだけしるすようになった。

『桐一葉』を発表

このほか『早稲田文学』に掲げた主要な評論としては、『近松の浄瑠璃』『近松が叙事詩の特質』『功過録としてのシェークスピヤ』などがあった。

なお七月からは、文学科第二回卒業生の島村抱月と後藤宙外が雑誌編集に加わった。方針の改革以来は、一般文壇人の執筆も多くなっていた。中でも長田秋濤《おさだしゆうとう》・依田《よだ》学海・山田美妙らは、ことに演劇に関する文を寄せて、次第にたかまりつつあった演劇運動を援けたのだった。

『校外邦語文学講義』

この歳末に、東京専門学校では、『校外邦語文学講義』の刊行を決定して発表した。

明治二十八年(一八九五)

翌二十八年の一月からは、毎月三回ずつ発行された。この講義録は三年で卒業する仕組みだった。これもまた編集主任は逍遙だった。ここで純然たる講義録が出ることになったのは、『早稲田文学』を純文学雑誌として成長せしめるためにも適当なことであった。また文学科の卒業生に社会進出の機会と生活の資を与えるためにも、雑誌と講義録の二つがあることは、良策であったが、すべてのことに責任を負わねばならなかった逍遙の苦心は、並みたいていのものではなかった。逍遙は各社員のものした原稿を校閲し加筆した。しかも社員には規定の報酬が支払われたが、自身は終始一銭たりとも身に付けなかった。

早稲田派文士の活躍

『早稲田文学』は毎号小説・脚本を掲げることになって、まず宙外の『ありのすさび』、嵯峨の屋の『此《こ》のかすがい』『寂滅』、五十嵐力の『いすかのはし』等の小説、社外の新人藤野古白の戯曲『人柱築島由来《ひとばしら》』を発表した。金子・島村らの評論、伊原敏郎の歌舞伎劇の史的考証なども誌上を賑わせ、この期に及んで明治文学史上にいわゆる「早稲田派」の文士の活躍が見られるようになった。

門下生に対する愛情

逍遙は『評釈天《てん》の網島《あみじま》』『新文壇の二大問題』『早稲田文学の過去および将来』等を本誌に掲げたが、『国文学の将来』その他を『国学院雑誌』に、『我国《わがくに》の演劇につきて』他一編を『太陽』に、『歴史小説につきて』などを『読売新聞』に寄稿、比較的外部のジャーナリズムに対しての執筆が目立った。これは、文学科卒業生の就職先に対する逍遙の情義上から原稿を送ったものであった。逍遙の子弟に対する愛情の深さは並々ならぬものであった。先に同居させて弟遇した奥泰資はゆえあって学半ばで帰郷したが、既述した綱島梁川をはじめ畠山慎悟《しんご》・山田清作その他の学生はいずれも逍遙の世話を蒙って東京専門学校を卒業した人たちであった。時には、こうしたいわゆる書生が余丁町の自宅には五－六人もいたことがあった。働かせるための書生や玄関番ではなく、困るからと頼まれたり、窮状を見ると、坪内家の財政を無視しても面倒をみたのであった。

また自宅に引取った養子の士行や甥《おい》の大造らには舞踊のけいこを始めさせた。これは舞踊劇の革新を目ざしていた逍遙としては、一種の情操教育の意味もあったが、手元に踊手を持ちたい希望、そのけいこを通して舞踊の実際を知ろうとしたからでもあった。

明治二十九年(一八九六)『早稲田文学』の改革と改号

明治二十九年一月を迎えて、既に百〇一号で改革予告をしていたとおり、『早稲田文学』は改号を断行、再び第一号から始めた。従来の早稲田派の機関とのみ見られる弊を避けて、全日本文学のための指導・発表機関たらしめようとの意気込を示したものであった。したがって編集方針も変更された。逍遙はその立案・実行についても率先して力を尽したが、この年から早稲田中学の創立に参画し、ついには教頭の要職に就かざるを得なくなったので、その多忙なことは旧に倍する観があった。しかも史劇としての第二作『牧《まき》の方《かた》』を『早稲田文学』に連載したほか、彙報をも分担執筆し続けた。『文章の三体を論じ小中学読本の文章に及ぶ』を雑誌『名家談叢』に掲げたのは、のちの教科書編集が長い研究の結果やむにやまれぬ意欲をもって始められたこと証するものとして、またいかに逍遙が小中学教育に深い関心を有していたかを語るものとして注目される。

『牧の方』

なお専門学校と新設中学校のために、その時間と精力の大半以上をさきながらも、逍遙は自ら中心となって、同志の人々と近松研究を始めた。全く超人的な活躍だった。この近松研究会は、早稲田文学社の水谷・伊原・島村・後藤・五十嵐・土肥のほか渋谷桃居、後には饗庭篁村《あえばこうそん》の出席を請い、大西祝《はじめ》・佐藤迷羊らも加わることになった。研究対象として取あげた作品を、それぞれ由来・梗概・性格・意匠・修辞・影響・雑の順序で、一つ一つていねいに合同研究したもので、その

近松研究会

『桐一葉』『文学その折々』『梨園の落葉』公刊

明治三十年（一八九七）『二葉くすのき』『沓手鳥孤城落月』

方法・態度ともに画期的な規模のものであった。その研究録——『鑓《やり》の権三《ごんざ》』『堀川浪《なみ》の鼓《つづみ》』『恋八卦柱暦《はっけはしらごよみ》』『雪女五枚羽子板』『国性爺《こくせんや》合戦』『曾我《そが》会稽山《かいけいざん》』『冥《めい》土《ど》の飛脚《ひきゃく》』『心中天《てん》の網島《あみじま》』など——は、『早稲田文学』に次ぎ次ぎと発表されたが、単に近松研究としてのみでなく、日本文学研究史の上からいっても重大な意義のある業績として、重視されまた呼び物ともなった。

なお『桐一葉』、評論・随筆集『文学その折々』、演劇関係の文集『梨園《りえん》の落葉』が、それぞれ単行本として公刊された。

明治三十年の逍遙は、教壇の人としての活動のほかに、四月『新著月刊』創刊号に脚本『二葉《ふたば》くすのき』を、『新小説』九月号に大阪落城の悲劇を描いた『沓《ほと》手鳥孤城落月《とぎすこじょうのらくげつ》』を、またシェークスピヤの『マクベス』を『国学院雑誌』に連載、『ハムレット』は第一幕だけだったが『外国語雑誌』に掲げるという、創作に翻訳に、その健筆をふるった。

『早稲田文学』の再改革

『早稲田文学』には、再度の脱皮が行われ、四十一号までで一線を画し、十月から第七年第一号と改めた。そして従来の月二回発行を一回として紙数を倍加した。逍遙は社説と彙報を主として島村と共に受持ったが、もちろん評論の筆も執った。この再改革は文壇ばかりでなく、各方面から賞賛された。

『新著月刊』

新しく生れた『新著月刊』の編集には、後藤と伊原が当ったが、これは『早稲田文学』の別動隊とも見られるものだった。逍遙は企画を指導し、また『作家苦心談』などをも書いた。

合評会と早稲田観劇会

一方近松研究会は、近松作品の研究が『天の網島』で打ち切られた後は、合評会として更に『仮名《かな》手本忠臣蔵《てほんちゅうしんぐら》』『菅原伝授手習鑑《すがわらでんじゅてならいかがみ》』『妹背《いもせ》山婦女《やまおんな》庭訓《ていきん》』等の古典から、尾崎紅葉の『多情多恨』のような当代の作品の合評までも試みた。別に、早稲田観劇会が逍遙中心に組織され、毎月各座の芝居を見物して、その合評を『早稲田文学』に掲載した。

その後の文壇での交友

二十年前後、既に文壇の第一人者として、二葉亭・美妙・緑雨・魯庵・篁村らと親しく交わった逍遥は、その後の十年間に、交友をますます増していた。硯友《けんゆう》社《しゃ》の総帥《そうすい》たる尾崎紅葉や幸田露伴とは、ふたりが読売新聞社に関係するその前後から知り合った。中西梅花は露伴に同行して逍遥を訪問したのだった。石橋忍月らも比較的早い時期に相知った仲だった。徳富蘇峰・森槐南《かいなん》・矢野龍溪・淡島寒月・森鷗外・井上通泰・戸川残花・松村介石・北村透谷・松居松葉、その他。また文学会のような社交の場において、接触するようになった学究や文士も多かった。

文学美術家雑話会

三十年の十一月には、岡倉天心（覚三）の肝煎《きもいり》で、文学美術家雑話会という懇和会が、上野の精養軒で催されたが、逍遥は篁村・蘇峰・鷗外・紅葉・露伴らと共に、発起人のひとりとして出席した。美術家側からは橋本雅邦・岡崎雪声・川端玉章・黒田清輝・高村光雲らも出席、参加者は九十名にも及ぶ盛会だった。

名家の文学観を集録

こうした社会的地位があったればこそ、逍遥は『早稲田文学』に、純文学者外の名家の文学観を集録するという名プランを立てて、これを呼び物とすることに成功した。

逍遙の著作物としては、三月に『ふた心』を、五月には『牧の方』を単行本として刊行したほか、水谷不倒と共編の『列伝体小説史』をも公刊した。

『ふた心』『牧の方』共編『列伝体小説史』を公刊

明治三十一年、この夏は、浮田和民・天野為之・志田鉀太郎らと共に、宇都宮・郡山・福島・仙台・石巻・涌谷《わくや》・盛岡・青森・函館《はこだて》・花巻などを、約半月の行程で、東京専門学校の巡回講演にくわわった。逍遙の演題は、「方今の倫理教育」「倫理学の四要点」「神経質の二極端」などのいずれも教育談義だった。更に十月には、名古屋と京都で開催された校友会にも出席して、前者では「笑い」、後者では「わが学風」という題下で講演をした。これらの講演の内容要旨の一部は『新著月刊』その他に掲げられた。

明治三十一年(一八九八)夏期巡回講演に参加

四十歳の逍遙が、東に西に雄弁をふるったこの三十一年は、文筆の方面から見

『菊と桐』公刊

るとこれはまた逆に、まことに寂しい年だった。『沓手鳥《ほととぎす》孤城落月』と『二葉の楠』の二編を合わせた単行本が、『菊と桐』と題して公刊されただけで、ほかに創作はなく、また訳業もなかった。

『早稲田文学』『新著月刊』廃刊

一時は文芸誌としての脚光を浴びた『新著月刊』が、一年有余で姿を消したのが五月、続いて逍遙が血のにじむ思いで努力して来た『早稲田文学』が、まる七年の活動と幾多不滅の文学界への貢献とを残し、突如一応終止符を打つことになったのが十月であった。

この『早稲田文学』の廃刊は、文学界ばかりでなく、広く社会の各界から惜しまれた。かの単騎シベリヤ横断の壮挙で名をあげた福島安正将軍(当時は大佐)も、多年の愛読者であっただけに、本誌の廃刊の報を聞いて、「好個の文学雑誌を失った。これは社会の罪でなくて、なんであろう。見下げ果てた世の中かな」といって長嘆したという。いかにも第一次『早稲田文学』を弔うにふさわしい一挿話だと思う。

だが、回顧して見れば、この期間の逍遥は、いちずに東京専門学校文学科の発展と『早稲田文学』育成のために、全心身を傾注したのだった。

この年九月、逍遥は次兄義衛の重患を名古屋に見舞った。

六　教育の革新

天成の教育者

明治十四年東京大学在学のころから、今でいうアルバイトとしてではあったが、英語や歴史を教え、一両年後には預り学生の監督をして家塾を営み、大学を卒業すると、ただちに東京専門学校の講師となったという閲歴は、それだけでも逍遙が天成の教育者であったことを語っている。しかしながら、逍遙が真に熱情的な教育を実践し、教育家としての本領と理想を示したのは、中学教育を担当するに及んでからであった。

早稲田中学校の設立

旧早稲田中学の後身である現在の早稲田高等学校・中学校は、早稲田大学とは別個の学校法人であるが、初めは東京専門学校付属として創設されたのだった。専門学校の基礎が固まるにつれて、当事者の間には漠然とではあったが、将来専門学校を大学にまで成長発展させるためにも、また当時牛込・四谷両区内に中学校が一つも設置されていなかったのを満たすためにも、中学校を新設してはという考えはあった。ところが、金子馬治・今井鉄太郎の新進の講師ふたりが、明治二十八年の天長節当日（十一月三日）逍遙宅を尋ねてその必要を力説した結果、逍遙も共鳴したのだった。そこで種々協議の末、意見書を起草し、創立および維持に関する収支予算案をも付して、学校幹部に提出した。かくて、十二月には田中唯一郎・岡松参太郎（法学博士）・高田・市島らに逍遙および金子・今井の両者をも加えた協議会が開かれ、二十九年一月には早くも早稲田中学校創設の議は正式に決定された。

早稲田中学校教頭に就任

同時に、人事として、校長に大隈英麿、教頭には逍遙、教務幹事に今井、事務幹事兼舎監に増子喜一郎ということが決まった。大隈はいわば名誉校長ともいうべきものであっただけに、教頭の職責は普通の中学校のそれ以上に重いものであった。

前にも記したように、逍遙は極力辞退したのだったが、結局この教頭の職を引受けない以上は、中学の開設が困難となる事態でもあったし、かたがた高田や当時幹事をしていた市島らが、東京専門学校のために鋭意努力しているのに対して、「なんとなく済まない気がして」断り切れなかった。

金子の感慨と批評

早稲田中学校は四月に開校された。その創立を最も熱心に主唱して来た金子は、後年『早稲田文学』の「坪内逍遙論」特集号の一文中で、「……先生みずからも語られているとおり、芸術家たる先生を永い間中学教育に束縛したことは、今日から見て取りかえしのつかない損害であったに相違ない。当時はあたかも先生が四十歳前の最もはなやかな、最も油の乗った創作時代であった。『桐一葉《きりひとは》』から『役《えん》の行者《ぎょうじゃ》』までの発展に注意した者は、先生がもしこの間に創作を続けられたならば、その収獲はいかばかりであったろうと考えない者はない。早稲田大学が先生を修身教育に束縛したことや、私どもまでが先生を強請したことは、今から考えても真に済まなかったことと感じている」と述べている。

だが、また「一方から考えると、先生の倫理教育時代は、決して全然徒労とか無益とかいってしまう時代ではなく、強いていえば、芸術家としてさえも、この時代は、世間にとっても、先生にとっても、確かに一種深い意味をもった時であったと思う」ともいっている。

実践倫理に重点を置いた新教育

教頭に就任した逍遙は、異常な情熱をもって新しい教育の分野に突入して行った。ただちに中学教育の実際を視察し研究し、はては小学校までも参観して、普通教育の実態に関して認識を深めた。国家人文の基礎をなすべき普通教育、ことに人物の養成と精神の鍛錬を期すべき中等教育の教導が、一般に機械的に偏している弊を見て取った逍遙は、徳育すなわち実践倫理に新教育の重点を置くことの必要を感じ、これを新設早稲田中学校の特色として標榜《ひょうぼう》したのだった。

初心者のような苦しみ

何事についても徹底的にやり通さねば置かぬ性格の逍遙ではあり、年少子弟を訓育する大任を考えると、教師としての経験を相当有していたにもかかわらず、初心者のように苦しみ、また非常な努力をも払った。まず自分の倫理観を確立するために、余暇の許す限り、倫理書類を読んだ。そして社会の実際にも即《つ》き、学理にも徹した、りっぱな教案を立てようと試みた。

とかく偏知的に流れ、徳目の羅列にとどまり勝ちの従来の倫理教育を打破し、あくまでも具体的に講義し、年少の学生たちが自発的に知解し得るようにするのが、逍遙の主眼であった。その授業は、適切な幾多の例話をあげ、現実社会とも巧みに結びつけた、まことに感興の深いものだった。これは話術を得意とし、東西の文芸・内外の史実に通じた逍遙にして初めてなし得た、正に倫理教育上一新紀元を開いたものだった。

修身の時間が楽しみだった、待遠しかったという追憶は、直接当時逍遙の教えを受けた人々の、いずれもが口にするところである。またそれだけに訓化の力の偉大であったこともいうまでもない。

訓育効果の一例

開校まだ日の浅いころで、一・二・三学年までしか編成されていなかった時、三年の寄宿生中にひとりの不良学生がいた。既に東京府下の五－六の私立中学で放校されて来たという札付きで、校則を無視し、乱暴はする、教師や舎監の訓戒もいっこうにききめがなく困っていたところ、またまた運動会の当日事件を起してしまった。そこで増子をはじめ教員一同が退校処分に付することを決議して逍遙に要請した。じっとその事情を聞いていた逍遙は、やがて静かに顔をあげて、「本校の教育を、理想に近いものとする意気ならば、退校処分などは議すべきではあるまい。操行《そうこう》不良の学生を改悛《かいしゅん》させてこそ、初めて教育の実があがるのである。学校の声誉は、校舎の完備や学者を多く集めるばかりにあるのではない。千人の英才を出すよりも、ただひとりの不良学生を真実悔悟《かいご》させる方がたいせつである」と説いた。そうしてその生徒を手元に呼んで、厳父の励ましと慈母の愛とをもって、繰り返し訓戒をしてその不心得を諭したので、当人も大いに感じて謹慎《きんしん》のふうが見えた。けれども、依然として悪友のために誘惑された結果、北海道へ走ってしまった。それから数年の後、再び東京へ舞い戻った彼は、たまたま不良行為を働いて警察署にあげられた。取調べたところが、早稲田中学の学生で、その不良の爪牙《そうが》にかかった者がひとりもないことが明らかになった。不思議に思った署長が何か理由でもあるのかと尋ねた。すると、「自分は同校にかかっていたことがあった。放縦《ほうじゅう》極まりない乱暴者であったが、それにもかかわらず、坪内教頭は懇々と説き諭し、一度として退学処分にしようとはされなかった。あのあふれるばかりの温情を思うと、その早稲田中学生に手出しをすることはできなかった」と述懐し、これが機となって更生したということである。

逍遙の中学校において受持った倫理の時間数は、年により異なるが、多い年は八-九時間にも達した。このほか少しでも問題のある生徒は個々に訓戒し、正道に導くためには多大の時間と精力を費した。

不言実行、身をもって人に先んじるというのが、逍遙のすべてにわたる主義である。逍遙の養嗣子として青少年時代を余丁町の宅で育った坪内士行は、「逍遙はおのれを持すること謹厳、暑中でも袒《はだ》をぬぐなどということは絶対になく、まして寝そべることなど思いもよらず、また、いやしくも人と対座しては、膝を崩すということさえもなかった。行住座臥、常に威儀を正し、人に醜《しゅう》を見せて悪感を与えまいと努めていた」と語っている。その逍遙のことであるから、善にも悪にも染まりやすい中学生を導く地位にあっては、いっそう身をもって範を垂れようとしたことは当然であった。

率先禁煙

逍遙は指先が黄色く染まっていたほどのたばこ好きだった。教頭に就任した後もたしなんでいた。ところが、生徒間にたばこを吸う者があり、教員会議の問題にもなり、それを禁止させようとしたが、その効果のあがらないのを知ると、尋常以上に喫煙していたのを、自ら率先禁煙を断行してしまった。自然教職員もこれにならったので、学生間の喫煙もやがて跡を絶つようになった。

逍遙の場合、この禁煙は直接肉体的にも苦痛を与え、長く不眠癖を生ぜしめたのだが、それによく打ち勝ち、ついに終生二度とたばこを口にすることがなかった。それだけに、大隈伯（のちに侯）が参観に来て、校内で喫煙しようとした時、生徒らのためにここではやめられたいと求めた逍遙の一言には、さすがの大隈伯も従わずにはいられなかったと伝えられている。

『修身講話者心得』

逍遙の早稲田中学開校後三年目に発表した『修身講話者心得』二十三か条は、両三年の経験を基礎としたものだが、その第一条において、

知識を与えるよりも感銘を与えよ。感銘させるよりも実践させよ。

といっている。これが逍遙の教育方法の根本だった。

逍遙の倫理思想は、だいたいにおいて儒教的色彩の濃いものだった。しかし、

それは旧来の学者らが固守したようなかたくなな論語一点張りのものではなかった。例の得意とするところの「和・漢・洋の調和」がそこにも発揮されていた。孔子の教えを基本としながらも古代ギリシャの哲人ソクラテスから、キリストの教旨、神道の説、仏典までも及ぶだけ研究し取捨して、当代の青少年に合致するようにと心を砕いた独特の実践倫理であり、修身訓であった。

「忠恕」の説明

たとえば、「忠」を解釈する場合、逍遙は普通に用いられてよるような、上長の命にこれ従うという意味には絶対に解さない。まず「忠」の字を解剖して、これは口と心とを縦に一本の棒で貫いているのであって、すなわち口と心と一つであれということを意味する。人間が世の中に処するには、決して表裏があってはならない、心に思ってもいないことは口にするな、口にしたことは必ずこれを行え、と教えた。また「恕《じょ》」は、人の心を察する、わが心の如《ごと》くであれという意味から、如と心が一つに組み合わされているのだ、と説いた。それでこの、両者を重ねた「忠恕」ということばは、社会生活においては人は互に偽りなく、誠心を示し、人の悲しみをわが悲しみとし、喜びはもちろん互に分ち合い、融和協調を志すべきことを示している、と説明した。

地震にさえ妨げられぬ講義

ある時、「勇」に三つの区別――真勇・負勇・盲勇のあることを講義していた最中、突然相当激しい地震があった。隣りの教室で英語を教授していた一教師やその組の生徒たちは、あわてて屋外に飛び出した。たまたまその倫理の授業を参観に来ていた地方の中学校長も、案内して行った増子幹事も、教室を出ようとしたのだったが、逍遙は少しも騒がず説話を続けていた。地震さえも逍遙の熱中していた講義をば、妨げることができなかったのである。

逍遙は東京専門学校や後の早稲田大学の教授としても第一人者ではあったが、ことに普通教育の指導者としては無類の理想的な教育者だった。逍遙が約九年間に訓育したその教え子たちが、全部が全部、ほとんど盲目的といってよいほど逍遙を崇拝し、その学徳を慕い、いつまでもその人格に傾倒していることが、それを雄弁に物語っている。

明治三十二年（一八九九）学位を授与さる

明治三十二年三月、博士会の推薦で、文学博士の学位を授与された。ところが、その時通知を受けてもいっこう学位記を受取りに行こうとしなかった。そこで、ある人が学位は陛下のおぼしめしで決せられるものであるから、放任しておいてはいけますまいと注意した。それを聞くと、さっそく自宅に寄食していた甥《おい》の鋭《とし》雄《お》を文部省に出頭させて受領したのだった。

この五月は、東京専門学校文学科創設十周年に当ったので、校友が主となっての祝賀会が開かれ、逍遙は生みの親として招待された。この席上でも激励の辞を述べて、出席者たちを感奮させた。

画期的な教科書の編著

七月になって、前年来鋭意編著に従事していた小学校用『国語読本』をようやく脱稿した。この教科書の編集を依頼したのは、当時の冨山房社長坂本嘉治馬だった。逍遥の早稲田中学における異彩を放っている教育の実際を知った、機敏な坂本は根気よく足を運んで口説いたが、逍遥は容易に応諾しなかった。だが、再三再四の熱心な懇請に、やっと決意した逍遥は、「自分が作る以上、今のような文章の長短を一定した、ああいう無味な生彩のないものはやりたくない。思い切って変ったものにするつもりだが、いいか」と念を押した。新機軸をというのは元より坂本の望むところだったので、ただちに牛込に編集所が設けられた。編集助手としては、主任格に文学科出身の杉谷代水を、補助に桑田春風・和波久司らを当てて、欧米のリーダー類はもとより各種の参考書を調べ、実際家の意見を聞くということから、まず編集の準備を進めた。既刊読本の比較表も綿密に作製されたことはいうまでもない。

編集方針の大綱

逍遥は編集方針の大綱を次のように立てた。新生命のあふれた、時代に適合した編著であること、国民性に適応したものであること、児童心理にふさわしい興味深いものであること、凡人本位・地方人本位・平和本位・農業や商工業奨励本位であること、更に文芸趣味の養成や情操教育に役立つものであること、そして内容・形式ともにそれに添った理想的なものたらしめたいというのであった。従来の小学校読本が、とかく上中流本位であり、英傑本位であり、都会人本位であり、戦争礼賛《らいさん》主義であり、尚武《しょうぶ》第一・知育第一であった通弊を打破し、ドライな大人《おとな》っぽい教科書を楽しい子供向きのものにしょうと企図したのだった。

文体上の革新

逍遥は文体を口語体本位にすることを主張した。しかし、そのころとしては全部を口語体には行いがたかったので、比較的多くする程度にとどめ、文語体のものは、極力文章を平易にすることに努め、対話も野卑にならない限り、平俗な日用語を用いた。そのため、事大主義の文部省からもっと上品なものに改めよという指示さえも受けたが、確たる信念を持つ逍遥はなかなか譲歩せず、間に立って冨山房の当事者が困ったことさえもあった。また当時行われていた韻文《いんぶん》が、あまりにも雅文調できれいごとであり、無生命で児童向きでなかったので、これに代えるのに、多少の非難は覚悟の上で、やさしい童謡・民謡をもってした。自身でも創作したが、杉谷にも試みさせ、それを何回となく添削《てんさく》し校訂するという苦心を払った。それだけに生き生きとした風俗歌的なものが生れて、世間を驚かせたものだった。

さし絵も面目一新

さし絵も、それまでのお行儀のよい人形式の型を破って、表情のある生きた人物、動きのある画面を描かせるように指導したので、これまた面目を一新したのだった。

地方巡回講演に再び参加

この教科書編集出版の多忙中にあって、前年同様夏期休暇を利用して行われた専門学校の巡回講演に懇請もだしがたく参加した。同行者は天野・市島のほか増田義一・斎藤隆夫《たかお》・田中穂積《ほずみ》らだった。八月一日の高田市を初日に、長岡・新津《にいず》・新発田《しばた》・村上・新潟・長野の信越各地の巡演の旅だった。逍遙の演題は、「方今の倫理教育」と、「理想の語義を論ず」という、いずれも倫理談であった。新潟ではこの時、病気療養のため佐渡へ渡ろうとしている尾崎紅葉に出会った。

早大文学科の組織変更

九月の専門学校の新学年からは、校長の高田と協議の結果、文学科の組織を変更した。卒業生に中等教員資格を与えるために、文部省の認可を経た改正だった。科を分かって、哲学および英文学科・国語漢文および英文学科・史学および英文学科の三としたのであった。

建学の理想と進取の精神

十月二十一日の入学式に臨んで、新入学生たちに対して、逍遙は熱烈な意気をもって、「東京専門学校の学風」を説いた。建学の目的と学問の理想から説き起して、自恃《じじ》自信・自反自責・自活自修の徳を語り、学風の精神的であること、したがって極めて平等的であり、また着眼は世界的であり、進取的であらねばならぬことをもって結んだ。この演説は聞く者をして深く感動させた。あたかも当時は、政治上の理由や種々の事情から、学校当局者が創立当初の精神を忘れつつあるかにも取さたされていた際だったので、この逍遥の講演は、学園関係者一同に、天来の警告のように受取られたということである。このように逍遥は、教頭として中学教育に没頭しつつも、文学科の中心であり、東京専門学校の支柱的存在でもあった。

明治三十三年（一九〇〇）

さすがに新聞・雑誌等への執筆は、以前に比べてここ数年は少なくなった。

翌三十三年八月には、静岡県教育会主催の夏期講習会に招かれて、一週間連続で倫理問題を講じた。また静岡校友大会にも出席して講演をした。

『国語読本』刊行

逍遥苦心の結晶になる『国語読本』は、九月に尋常小学校用八冊が、次いで十月に高等小学校用八冊が、冨山房から刊行された。

その新鮮な教科書は、教育界に新風を吹き込み、多くの共鳴者を得て、たちまち十数万部の採用を見たのであった。

読本の著作に長年の経験を有し、国定教科書の編集に従事したことのある文学博士高野辰之《たつゆき》は、「教科書という制限の下に潤《うるお》いのある叙述をなすには、異常な才筆と構想に抜群の技倆《ぎりょう》とを有するもので、しかも児童を理解している文豪でなければならぬ。そうして深き根柢《こんてい》を有する学者で、熱誠をもって事に当る者でなければ、とうてい力のこもる教科書は作り出されないのである。坪内先生は実にこの条件のすべてを備えていられる方であった。当然この先生の手になった教科書は、時流に超越した精彩に富むものでなければならぬ。先生の読本は、事実において他の教科書を眼下に見下すもので、いわば将軍鞍によって顧眄《こべん》すといったようなものであった」といって絶賛した。

教育界に歓迎され、いよいよ全国的に普及するものと思われた時、教科書出版業者たちがその競争の弊に堪えかねて、帝国書籍株式会社なるトラストを組織し、各種の教科書を買収した。逍遙編著の読本も最後に買収されることになった。新会社は『帝国小学読本』を企画すると共に、異色あり新味あふれる逍遙の『国語

『新読本』の編集

読本』を捨てるに忍びなかったので、新たに逍遙に大修正を委嘱《いしよく》して、『尋常新読本』『高等新読本』を別に発行することになった。

第一次教科書の枠を採り、更に新しく歌謡なども自ら起稿し、再録の文章も全部にわたって加筆し、よりよき読本たらしめようと、現在に満足し得ない逍遙は努力を続けた。終生、最も誠実な門下生として逍遙を援け、またよき相談相手役をも勤めた山田清作が、その編集補助者のひとりに加えられたのもこの時である。逍遙は、今度の教科書に対してもし文部省から苦情が出たら、自身直接出頭して蒙を開くほどの意気込みでいた。さし絵の構図のような細《こま》かい点までも気を配り、画家も富岡永洗のほか尾竹竹坡《ちくは》・尾竹国観を選んで、芸術味あるものとした。ところが、ようやく校正刷が出始めようとするころ、教科書事件なる不祥事が起り、小学教科書の民間編著の刊行が廃止され、いわゆる国定教科書が施行されることになった。

この苦心努力の結晶たる第二次読本が、世に行われずに、闇《やみ》に葬られてしまったことは、逍遙に取ってはもちろん、わが初等教育界に取っても残念なことであり、大きな損害だった。しかし、逍遙のいう「親しみやすく、興味深く」の標語が、その実物見本ともいうべき読本を通して標示され、ここに国語読本ばかりでなく、すべての教科書編集上に、画期的革新を与える導火線的役割を果したのであった。日本における国民教育上の一先覚者として、この業績は表面に現れなかった部分をも含めて特筆に値するものだった。

共編『近松の研究』公刊

この年、先に『早稲田文学』に連載して呼び物となった近松研究会の成果に、逍遙の近松批評と篁村《こうそん》の『丹波与作』の評注を加えたものが、綱島梁川との共編で発行された。

明治三十四年(一九〇一)『国語読本編纂要旨』『読本唱歌』『英文学史』公刊

翌三十四年には、『国語読本編纂《へんさん》要旨』が公刊されたほか、『読本唱歌』五巻も出版された。ことに六月、東京専門学校出版部から発行された『英文学史』は本文が菊判九百余ページの大冊であったばかりでなく、久しい間最も権威ある参考書として重視された。古代は主としてブルック、近代はテーヌ、ゴス、ダウデン、十九世紀はセインツベリーの英文学史によって書かれたものである。大井蒼梧《そうご》が『帝国文学』誌上で試みた批評は、精読の上なされた長文のものであったが、逍遙は自著再版の際これを巻末に採録した。大井の評は、外国諸家の文学史評論が逍遙の思想を通じて融和し、少しの混乱の状態もないことを賞し、その精励と博識をもってするのでなければなし得ぬ偉業であるとの賛辞を述べてはいるが、また一面はっきりと、「われはこの書において、すこぶる了解に苦しむ個所あるを認む」と記し、一々ページを示しその疑問を発し、その誤りを指摘し、また反論してもいるのである。それをそのまま再録した逍遙の態度には、いかにも学者的良心があふれており、また一学究の直言を喜ぶ大人ぶりさえも伺われて、まことにゆかしいものがあった。

『刺客論』を書く

東京専門学校に高等予科新設さる

明治三十五年(一九〇二)東京専門学校早稲田大学と改称早稲田中学校々長となる

この年星亨《とおる》の刺殺《しさつ》事件に際しては、『刺客論』を書いたが、一般社会の浄化、大衆の教化を理想とした逍遙としては、この眼前の出来事を教材として、広く当代に警告を発し、国民全体の倫理的反省を求めようとしたのだった。

発展途上にあった東京専門学校は、やがて早稲田大学として昇格する日に備えて高等予科を設けた。逍遙はここでも倫理と英語とを担当した。また早稲田実業学校の創設に伴い、懇請されて英語を教授することにもなり、相変らず学校教育の面でも多忙であった。

明治三十五年、東京専門学校は早稲田大学と改称した。早稲田中学では、校長の大隈英麿が止むを得ない事情で辞任することになったので、その九月から、逍遙はのっぴきならず二代目校長に推されて就任した。創立六年目であった。校長になっても倫理教育は続けた。健康は悪化の傾向をたどっていた。

逍遙が早稲田中学の教頭を引受けた際の条件の一つは、将来創作活動をするのも自由というのであったし、高田・市島もそれを援助すると約したのであった。しかし、基礎を固めるまでのここ数年間は、さすがに創作と二筋道をかけるだけの余裕はなかった。全く教育一路、実践倫理の明け暮れだった。が、ここに至ると、創作に立ち向こう意欲とゆとりも生じて来た。家庭における子女の日本舞踊のけいこを見るにつけて、新舞踊劇に対する構想も動いていた。五月には、『新曲浦島』の腹案ができた。

『文芸と教育』『英詩文評釈』公刊

六月には、単行本として、年来の逍遙の言説を示した『文芸と教育』と、文学科講義の決定版とも見るべき『英詩文評釈』の二著が公にされた。

ニイチェ主義の排斥『馬骨人言』

古来の良い風俗や道徳を攻撃し、極端な個人主義を主張する高山樗牛《ちょぎゅう》のニイチェ紹介に対して、共鳴する一部青年のあるのを知るや、その影響の及ぶところを憂いた逍遙が、『馬骨人言』なる題下に反論を『読売新聞』に連載したのも、この年の十月だった。これに対して樗牛の友人登張《とばり》竹風が弁護論を『帝国文学』に

明治三十六年(一九〇三)『通俗倫理談』公刊

掲げたので、逍遙は再び激しく論難したが、当の樗牛が十二月他界したので、この論争は両三回で終った。だが、論議そのものは別としても、利己的個人思想であるニイチェ主義を排斥し、社会文化の健全なる護持を説いた逍遙の倫理的立場なり、その社会教育の理想的理念なりは、識者の間に同感もされ、適切な警世の言説だとされた。

三十六年の二月には、『通俗倫理談』を刊行した。名古屋時代以来それぞれ進んだ方向は違っていたが、逍遙の知友であった八代六郎(海軍大将)が後年、逍遙を訪問して会談した時、「君の著書はたいてい目を通しているが、『通俗倫理談』は最もすぐれている」と激賞したといわれている。そして、数年後には、特に逍遙の許しを受けて、その一部を『修身奉公』と題した小形本として自費で刊行し、広く部下の将士や知人に配布したほどであった。

この『通俗倫理談』は、「倫理入門講話・随時少年訓・修身奉公訓・同表・道徳の図表・孔子とソクラテス・理想の語義を弁ず・その他」を内容とするものであるが、逍遙の倫理教育を知る上に見のがすことのできぬ著書であると共に、また時代を超越して、いかなる青少年に取っても、実践倫理の金字塔として仰がれるに値する宝典でもあるだろう。事実、本書は逍遙の著書中で最も多く読まれたものの一つで、社会に相当広くその主張が普及した。

朗読法の指導

この月、日本女子大学で『リヤ王』の十回講義をした。また東儀《とうぎ》鉄笛《てつてき》・土肥《どい》春《しゅん》曙《しょ》・水口《みなぐち》薇陽《びよう》らのために、朗読法の指導を始めたのもこの年からであり、これはのちの新劇運動の準備であった。

静養の旅

春から四月ごろまでセン夫人が病気をしたり、逍遙自身も持病の腸カタルのほか、顔面麻痺《まひ》を病んだりしたので、八月には静養のため家族を伴い、松島・仙台地方に遊び、帰途は潮来《いたこ》・鹿島を回った。が、さして病状を軽くする効果はなかった。

名古屋から次兄の義衛も東京に移り住むことになった。

紅葉の葬儀参列中に卒倒

尾崎紅葉が病没したのは、十月三十日だった。十一月二日青山斎場で営まれた葬儀に列した逍遙は、門弟の弔辞朗読中脳貧血を起して卒倒し、戸板で余丁町の自宅へ帰った。若い紅葉の死にいたく感動したためではあったが、不眠と腸カタルで身心共に衰弱していたことがその原因だった。

場所が場所であったし、新聞にも報ぜられたので、人々を驚かせたが、気分は間もなく回復し、翌日は自ら筆を執ってあいさつの手紙を書いたほどだった。しかし、ひどく健康を害している事実が明らかになり、夫人の切なる願いで、この年の十二月、逍遙の早稲田中学校長辞任の希望がかなえられた。

早稲田中学校長辞任

『中学修身訓』

その在職約八年の困難な創始期における逍遙の献身的努力は、直接早稲田中学の生徒の上に及ぼされただけにとどまらず、やがては『中学修身訓』五巻の教科書(明治三十九年発行)となって広く中等教育界へ提供されたのだった。

『中学新読本』『新撰国語読本』

小学校国語教科書において、革新的な企画・構成と編集・内容のすばらしさに業界を驚嘆させ、全教科用図書の上に目ざましい進歩と刺激を与えた逍遙は、ここでもその経験に加えるに新たなる理想をもって、『中学新読本』十巻(明治四十一年十月)、その改訂版たる『新撰国語読本』十巻(明治四十四年十二月)を刊行した。前の『国語読本』においてすぐれた手腕を示した杉谷が、今度も中心になって助手を勤め、それに五十嵐らが新たに加わって、その仕事を援けた。

普通教育に示した革新的業績

これら教科書は、あまりに量が豊富すぎたため、教え切れないという理由で、編著者の非常な苦心にもかかわらず、採用成績は思わしくなかった。それでも編集上の抱負《ほうふ》とその清新な手法は、一つの新しい型の模範として、これまた小学読本における場合と同様、以後の中学読本に多大の影響を及ぼした。

中学生の現場教育において、また教科書の編集において、逍遙の示した情熱と革新的な業績とは、逍遙自身の生涯を通しても貴重な一時期として重視さるべきであり、またわが初等・中等教育史上にあっても、改革のエポックを作ったものとして永く記憶さるべきであろう。特にその実践倫理の指導案と実績は、将来の道徳教育に対してもよき指針を与えるものと思われる。

七　演劇の革新

逍遙の演劇愛好は少年のころからで、母、姉の感化と名古屋という土地からの影響もあったが、むしろ天性であった。それが上京して東京大学にはいり芝居好きの親友高田と付き合い、九代目市川団十郎・五代目尾上《おのえ》菊五郎・その他の名優の舞台を親しく見るようになって、更に演劇への関心が深まったのであった。

活歴劇を見て感動す

二十歳の青年逍遙は、明治十一年六月初開場の新富座《しんとみざ》で、最初の活歴劇『松栄《まつのさかえ》千代田神徳《ちよだのしんとく》』を見てまず大いに感動した。しかし、次ぎ次ぎと活歴劇を見るにつれ、演劇の本質を忘れ、歌舞伎の神髄《しんずい》を認識せず、徒らに写実的に、非演劇的合理主義に走る点に共鳴することができなかった。

演劇改良運動

依田学海を中心とする求古会と団十郎の結び付きによって始められたこの活歴

劇を皮切りに、明治二十年をはさんでその前後には、末松謙澄《けんちょう》(後の子爵)を中心に朝野の名士の賛助を得て組織された演劇改良会、田辺太一を会長に学識者に技芸家をも加えた日本演芸矯風会《きょうふうかい》、更にこの後者が少壮会員によって改組された、高田・岡倉天心・森田思軒を主軸とした日本演芸協会が相次いで演劇改良運動に乗り出した。会としてそれぞれ目的や主旨を明らかにすると同時に、会員中にも活潑に演劇改良論を発表する者が続々と現れた。一時的ではあったが伊藤内閣の政策と見えるほど強い支持があったり、破天荒《はてんこう》の天覧劇が行われたりしたことが推進する力とはなったが、やはり演劇改良運動は時代の要求として展開されたのであった。いや、時代的流行だったという方が正しい。

しかして、逍遙のことばを借りれば、「第一の演劇改良会はむしろあまりに急進的で、時勢に先んじ過ぎていた気味であったが、第二の日本演芸矯風会は、まだあまりに妥協的で、二回・三回と重なるにつれて、ますます俗化を加えていった」のだった。そうして、そのいずれの主張も方針も逍遙には同感されなかった。逍遙の演劇改良の根本態度は、あくまでも国劇の長所を生かして、新時代に適応するように改革しようというのであった。

逍遙自筆の『年譜』明治二十一年の欄には、「このごろより演劇改良事業に志す。感ずるところありて筆を小説に絶つ。」とある。

日本演芸協会

日本演芸協会は、前二者と異なり、それが極端な写実主義でも、活歴主義でもない点において、また英雄烈婦・忠臣孝子本意の優美高尚偏重主義でもない点において、更にまた洋劇崇拝の欧化主義でなく、あくまでも国劇の特長を保存しつつ芸術的向上を図《はか》ろうと望んだ点において、逍遙の意図するところと一致していたというよりは、高田らが逍遙の意見やその理想とするところを、演劇改良案の骨子としたというのが、楽屋裏の真実だった。それで逍遙は、それまでの演劇革新事業に対しての傍観者的な批評家の態度を捨て、文芸委員のひとりとして積極的に関与したのだった。

そして、逍遥は新史劇を試作しようとさえした。だが、そのうちに、りっぱな理想を掲げた演芸協会も、ほとんど具体的な活動をしないで解散してしまった。それは「いろいろ複雑な事情もあったろうが、時機がまだ早かったのである」と逍遥はいっている。団体としての演劇改良運動は、これで終止符を打った形になった。

演劇改良のための準備

しかし、逍遥の演劇改良についての意欲は、くじけはしなかった。むしろから騒ぎでなしに、じっくりと根本的の研究を遂げ、漸進的に確実に改革の実をあげようとの決意を固めたのであった。そのためには新しい脚本を生み出さねばならぬとして、その準備にまず二つの研究を試みようとした。

その一つはシェークスピヤと近松の研究であり、他の一つは朗読法の研究であった。

シェークスピヤ研究

既に述べて来たように、明治二十三年春ごろから、有志学生を集めて自宅で始めた『ハムレット』『ロミオとジュリエット』『マクベス』等の講義がそれであった。これは逍遙の文学観、あるいは文学評論における態度を確定させて、一面鷗外との没理想論争にまで展開したのでもあるが、目ざした最後のものは演劇革新のための研究だった。逍遙が晩年に至るまでシェークスピヤを手離さず、一応完成した訳書を、後年再び全部改修したのも、全集翻案そのものの意義以上に、沙翁劇を国劇向上に役立てよう、また役立つと固く信じていたからであった。

近松研究会

正式に近松研究会の発足したのは明治二十七年であるが、近松の研究は、シェークスピヤに対するのと全く同じ趣旨から、やはり明治二十三年から始められていた。『早稲田文学』に先行して編集された東京専門学校文科生の回覧雑誌『延葛《はうくず》集《しゅう》』には、その証拠となる、逍遙をはじめ、金子馬治・水谷不倒の近松研究の論稿が続々発表されている。

朗読法の研究も、シェークスピヤ同様逍遙にとっては、実に生涯にわたる研究題目であり、演劇改良に欠くことのできぬ演劇術の基礎をなすものと考えられた。逍遙自身、先天的に朗読に対して恵まれた声の持ち主であったことが、その研究に拍車《はくしゃ》をかけさせ、また劇界のだれよりも朗読法の効果を過大に評価する結果をも生んだのだった。

胸像原型
（製作，長谷川栄作）

そもそも名古屋の英学校時代、外人教師からエロキューションを授けられたことが、朗読法に目を開いた最初であった。次いで開成学校の寄宿時代、円朝《えんちょう》の人情ばなしや名優の声色《こわいろ》を巧みにまねた友人赤井雄と交わって、自身も模倣《もほう》してやったのが、朗読の下地《したじ》――素養になったのだ。もちろん、このころのは慰みにすぎず、声帯模写や雄弁術、あるいは寄席《よせ》芸的話法の域を出るものではなかった。

ところが、演劇改良の諸運動の実際とその結果を見るに及んで、朗読法研究の必要を痛感し、熱心にこれと取組むことになったのである。すなわち既成劇壇という封建世界に対しては、いかなる改革論や刷新の呼びかけをしても、容易に聞き入れられるものではない。ただ新脚本の提供、その演出による実物教育をもって啓蒙するよりほかに道はない。そうして、その脚本の実際的研究をし、作劇術を会得《えとく》するには、朗読が早道であり、また新脚本の演出に必要な新劇術のために、最も緊要なものも朗読であるという結論を引き出したのであった。

逍遥が関根正直・饗庭《あえば》篁村《こうそん》と共に、東京専門学校内に有志学生を集めて朗読会を起したのは、これまた明治二十三年のことだった。関根・饗庭のふたりも演劇改良運動に関係したのだから、朗読を奨励したのに不思議はないが、この両者と逍遥とでは朗読に対する考え方なり、その目標とするところは同一でなかったと思われる。が、とにかく文学科の中心的三講師が推進したのであるから、朗読研究は学内で大いに盛んになった。『読売新聞』によって朗読会の開催が論難され、社会問題となったのも、この会が極めて活動的であったことと、時代の認識がいかに低いものであったかを示すだけで、逍遙らの意気込みをはばむことはできなかった。

けれども、研究ということになると、関心を持つ人がはなはだ少なかったところのことだから、逍遙は少しでも研究資料になりそうな事がらには飛び付いて参考にした。

依田学海や山田美妙の脚本朗読を聞いた。河竹黙阿弥《もくあみ》のも聞いた。そのほか講談・人情ばなし・義太夫・能狂言など、少しでも朗読法研究の参考になりそうなものは、あらゆる機会に逍遙は捕えた。そうしてこれらの音声芸能からすぐれた要素と表現技法を学び、また自ら練磨することによって、逍遙は独得の朗読法を体得した。

専門学校内での朗読研究が問題になってからは、自宅を会場としたが、その後研究会は着実な歩みを続けていた。

朗読用のテキスト

テキストには、黙阿弥の活歴ふうの時代劇『地震加藤』と依田学海・川尻宝岑《ほうしん》合作の新脚本『吉野《よしの》拾遺《しゅうい》名歌《めいか》誉《ほまれ》』が選ばれた。もっとも逍遙が朗読用として原本に訂正を施したものだった。各自が研究の結果を朗読し、批判し合うというやり方だった。前にもちょっと述べて置いたが、やがて『地震加藤』は隅田園の仮設舞台で実演された。

脚本研究の準備

朗読研究会の進展と平行して、逍遙自身の脚本研究の準備も着々と進んだ。すなわち明治二十六年の十月からは最初の史劇論が発表され、翌二十七年の十一月からは史劇の第一作『桐一葉《きりひとは》』が『早稲田文学』に連載された。

最初の史劇論

逍遙の最初に発表したこの史劇論――『わが国の史劇』は、いわば史劇に関する所論・研究の序説と見られるものだが、その演劇史的意義は、文学史上における『小説神髄』の価値に対比するものだった。まず「史劇の過去相は仮面のみ、人間の因縁・果報を現ぜん方便」であると説き、次いでわが国の史劇の評論に入り、近松・黙阿弥・学海を論じ、当時最も活躍しつつあった福地桜痴《おうち》をはじめ当代の作家たちを痛烈に批判した。そして最後に史劇改良案として、第一に劇詩《ドラマ》とすること、第二に劇として筋を通し、旨味《うまみ》のあるようにすること、第三に性格描写に重点を置くことを挙げ、これを新史劇の根本とするようにと提唱した。

今日の目からすれば、陳腐《ちんぷ》とも見えようが、この当時にあっては、決して平凡なものではなかった。が、この論文に対する反響は、特殊な演劇論であったせいか、鷗外の『しがらみ草紙』その他一、二の新聞・雑誌に論評が現れたぐらいで、大方は沈黙のうちに見送ってしまった形だったが、さすがにこれ以後の新作脚本は、逍遙が非難したいわゆる叙事詩《エポス》劇から転じて、劇詩《ドラマ》の体を取ろうとするようになった。この意味からすれば、指導的な役割を果した卓論だった。その実物見本的に例示したのが、史劇『桐一葉』だったのである。

史劇『桐一葉』

この逍遙の処女作脚本は約一年で完結され、間もなく単行本となった。あらすじは、関が原の戦いの後、豊臣方の勢力は日増しに失われて行くのに対し、徳川方の権力はますます伸びて行く。事実上は最早徳川が天下を握っているのだが、万全を期する用心深さから、家康父子とその臣下は、なおも術策を用いて豊臣家を滅亡させようとする。その状勢を見て、豊臣家の重臣片桐市正且元《かたぎりいちのかみかつもと》は、なんとかして主家の安泰を計ろうと苦慮をするのだった。しかし淀君《よどぎみ》を中心とする大阪城内は一致統制を欠き、不安な状況は更に疑心暗鬼を生じ、且元孤忠《こちゅう》の策はついに用いられず、やむなく退身する。七段十六場という浄瑠璃ふうの大作だった。

賞賛と非難

先の史劇論で、過去ならびに現在の史劇作者を手きびしく批判し、ほとんどその立場を否定するような論評を下した直後だったので、依田学海が『読売新聞』に七回にわたり論難の筆を執ったのを先頭に、ほめるもの、けなすもの、おびただしい評言が新聞や雑誌に見られた。これら批評のおもなもの十幾編は、再版以後の『桐一葉』に付録として載せられている。鷗外はその評言の終りで、「今の幼稚なる文壇の一著述をもつてせば、その価値はたちまち重きを加え、作者をしてわが国現時の戯曲家中屈指の人たらしむることは、われ確かに保証す」といった。

当の逍遙自身は、『改作桐一葉』の序において、「形式を丸本と草双紙《くさぞうし》にならったために、新らしい内容も陳腐《ちんぷ》に見られた。劇詩式でなく、叙事詩式であり、ことに結末が抒情味《じょじょうみ》になっているとの非難。また興行者からは、実演上に種々の欠点や故障のあるほかに、団菊のために書下《おろ》したものとしては、ふたりの顔が会わぬようにできているからいけないとか、かんじんの見せ場の吉野山の所作事《しょさごと》を、二幕目に持込んだのは『昼きつねを駆《か》り出した格で、しろうとの作意』だとも非難された。また新代の文学者からは、馬琴ふうの引掛けことばの弄語《ろうご》が多いのを最もきびしく非難された」ことなどを回想している。

内田魯庵は、約十五年ほど経てからではあるが、『中央公論』の逍遥論で、「坪内君が『桐一葉』を書いた時は、団十郎がローマ法王で、桜痴居士が大宰相で、黙阿弥劇が憲法となっている大専制国であった。この間に立って論難攻撃したり、新脚本を書いたりするのは、ルーテルが法王の御教書《みきょうしょ》を焼くと同一の勇気を要する」といい、また「坪内君の劇における功労は、何百年来封鎖して全人の近づくを許さなかったランド・オブ・シバイの関門を開いたのであって、『桐一葉』の価値を論ずるがごときは、そもそも末である」とずばりいい切っている。

確かにこの作のでき栄《ばえ》については、相当の難点があった。しかしながら、逍遥の史劇論の具体化的第一作であったこと、また魯庵にならっていえば、古い鎖国の城門を閉ざしている歌舞伎の国へ巨砲を一発打ち込んで、人々の目をさまさせ、やがて開門させるに至らしめた功は没することはできない。

続いて『牧の方』『二葉くすのき』『沓手鳥《ほととぎす》孤城落月《こじょうのらくげつ》』が三十年までに創作された。いずれも史劇であった。

『牧の方』

第二作の『牧の方』は、早稲田中学創立のために多忙を極めていたころだったので、異常な努力をもって完成したのであった。『早稲田文学』に発表したのは六段十八場であったが、単行本になった時は、語句の訂正をした上、構成を七段に改変した。

この史劇の着想は、いわば少年時代に読んだ野史小説類の中であった。当時深い印象を受けて後々までも忘れ得なかった人物のひとりが、北条時政の後妻牧の方であったが、『マクベス』を読み、これを講ずるに及んで、マクベス夫人を対照として、いっそうその面影が明らかになった。なお牧の方に縁故のある正史・記録・読み物類を読みあさるうちに、往時の史実の持つ悲劇的興味に動かされたのだった。すなわち牧の方をその一環として、鎌倉三代の罪悪史を、三部作か五部作かの循環史劇として書いてみようという構想が生れたのだった。逍遙が後年執筆した『名残《なごり》の星月夜』『義時の最期《さいご》』と共に三部作をなすのである。

あらすじは、今にも幕府と執権北条時政との間に戦いが起るのではないかというわさが飛び、人々を不安がらせていた。義時の妻が時政の怒りを静め誤解を正しに来るが、牧の方は憤激して義時をののしる。一方、稲毛入道から牧の方に贈って将軍を暗殺させようとした毒薬は、義時の手に奪われる。義時はその毒薬を牧の方の子政範に渡し、母の野心を意見する材料にせよといった。敏感な政範は、母牧の方の野望は自分ゆえだと悟り、自ら毒をあおいで死ぬ。稲毛の娘照子は父の陰謀を知って、恋仲の畠山重忠を腰越の宿に尋ねて委細を告げる。義時は機密を覚った者は生かして置けないとして、稲毛入道にあとを追わせる。重忠は稲毛父子のために由比が浜で討ち取られる。そこへ現れた義時は、その場で父子を殺し、会心《かいしん》のえみを浮べる、牧の方は時政と謀り、将軍を迎え池中の釣殿《つりどの》で刺す手はずをしたが、実朝があまりに政範に生き写しなので手を下しかねる。牧の方は改めて実朝を刺す決心をするが、再び機を逸して側近の人々に捕われそうになる。義時は時政の邸を取り囲む。時政は頭を円《まる》めるが、牧の方はついに自殺して果《は》てる。

境遇悲劇

逍遙の描こうとしたのは、感情の強い、残忍性を持つ一個の平凡な女性としての牧の方が、境遇的に巻き起す一大波瀾、いわば因果応報の結果を見る悲劇であった。この作は『桐一葉』ほど問題にはならなかったが、『万朝報』の森田思軒、『読売新聞』の門外漢、『文芸倶楽部』の斎藤緑雨、『太陽』の高山樗牛《ちよぎゆう》らの批評は、いずれも長文で懇切なものであった。

この境遇悲劇に対する評言

それらの評言を通覧すると、まず舞台技巧において卓越していること、史料選択の妥当であること、続々大作を発表するその意気の盛んなことなどをあげ、他の脚本家に比して抜群であると称揚していた。だが、他面全体として詩味に欠けること、性格悲劇でなく単なる環境の悲劇にとどまったこと、筋が複雑すぎてわかりにくい点なども指摘された。

史実の興味とシェークスピヤの影響

『わが国の史劇』において性格描写に重点を置くべきことを強調した逍遙として、第一・第二作ともに性格は形式的にしか描写されず、いわゆる循環史劇を書いたことは、いささか論と作との間に矛盾があるようにも思われようが、これは一つはシェークスピヤの史劇を読んでの影響、今一つは史実を調べるうちに事件そのものに「造化自然の大悲劇詩」を見て、作家的感興をそそられたからであった。いわば作家逍遙の論にこだわらぬ一歩前進だった。

逍遙自身大正七年に書いた『史劇および史劇論の変遷』では、

史劇に対する私の考えが少しずつ動揺し始めた。活歴派に対する反動の熱が冷め果てたと同時に、史実そのものに対する感興がこの三‐四年来の詩材を求めるための史籍渉《しょう》猟《りょう》によって著しく増加して来たからであった。私は事実上の過去の方が——時としては野乗《やじよう》伝説の形で伝えられたのでさえも——小作家の主観が生む空想上の過去よりも、ほとんど常に、ずつと雄大であり、深刻でもあり、詩的でもあり、神秘でもあることを感じ始めた。そうしてその結果、近松の夢幻劇や、活歴劇はもとより、ヨーロッパで十七ー八世紀に持てはやされた三一致の法則に適合せしめた史劇も、十九世紀のロマンチック・ムーヴメントの生んだ主観的な空想史劇なぞよりは、紙背に透《とお》る眼光で読まれた古記録や古伝説の方が、時としては遙かに詩でもあり、哲学でもあると感じるようになつた。

と語っている。

樗牛との史劇論争

明治三十年九月『早稲田文学』に載せた逍遙の『史劇に就きての疑』は、単なる樗牛の批評に対する弁明ではなく、広くこの新作史劇に対して寄せられた論難点に対する、いわば質疑的反論で、一言でいうと史実尊重説ともいうべき史劇論を展開したのだった。

これに対して樗牛は、翌月『坪内逍遙が史劇に就きての疑ひ』なる題下で、史劇の特殊性を非認して、いっさいは詩であるという主観的立場からの反対説を

『太陽』に掲げた。この見解は、当時の逍遙に取っては、あまりにも主観的で納得できなかったので、ただちに筆を執って『史劇に関する疑ひを再び太陽記者に質《ただ》す』という一文を『太陽』に送った。すなわち逍遙は、「史」を冠する詩にも三種の別のあることを述べ、樗牛の説くところによると、「史の衣を被《かぶ》った空想」を正統としなければならぬが、それは賛成できない、自分は「史から生れた空想」を史劇(詩)の正統と思うと論じた。しかし、これに対しては、樗牛は沈黙を守って答弁をしなかった。

ところが、中一年を置いて、三十二年の十月、樗牛は『歴史画の本領及《およ》び題目』を発表して、かなり組織的にその主観的芸術論を述べた。その要旨は、史劇論の場合と全く同様で、歴史画における歴史は「実らしさ」の方便で、美術としての絵が主であるというのであった。前年の論争の続きと見られる論調であったので逍遙もこれに応酬した。『美術上に所謂《いわゆる》歴史的という語の真義如何《いかん》』というのであった。もちろん樗牛の主観的立場の弱点を攻撃し、客観主義の歴史美目的論ともいうべきものを主張した。樗牛は『再び歴史画の本領を論ず』と攻撃に出たので、逍遙もこれに応じて『再び歴史画を論ず』ることになった。両者の論戦の舞台は『太陽』だった。だが題目が史劇よりも一般向きの美術の領域のことだったので、美術家や文芸家でこれに参加する者もあり、一時はなかなかやかましいことだった。が、結局は、これも主観本位是《ぜ》か、客観本位非《ひ》かについて、何等の解決が得られないままに終ってしまった。

逍遙は、その史劇論の総まとめともいうべき後年の『史劇および史劇論の変遷』の中で、この論争を回顧して、客観本位の史的芸術作品も、主観本位の史的芸術作品も、つまるところは同一であって、ただその具体化に至る過程《プロセス》の相違にすぎないのだといい、逍遙自身の態度も樗牛の主張も共に是認すべきであろうと思うと結んでいる。

『二葉くすのき』

『二葉くすのき』は、夢の巻三場、現《うつつ》の巻二場からなる小品史劇で、半ばは近松の『吉野都女楠《よしののみやこおんなくすのき》』の翻案であった。この作は、坪内家の人々をして芝居の練習をさせるための脚本だった。当時十一歳の士行は正行、大造は正季や和田和泉守《いずみのかみ》、小間使いの倉持ゆきは母親役などで、実際に逍遙の指導を受けた。いうなれば、演劇革新のための実験用脚本であった。

『沓手鳥孤城落月』

『沓手鳥孤城落月《ほととぎすこじょうのらくげつ》』三幕六場は、『桐一葉』の続編である。前作同様初めから淀君と且元とを主格として扱い、一面からすれば淀君の悲劇、他面から見れば且元の悲劇として構想されたものであった。「沓手鳥」は鳴いて血を吐く且元を、「孤城落月」は大阪落城による淀君と秀頼の末路を示したものであった。

あらすじは、関東方から千姫を奪うために忍び込んだ常盤木《ときわぎ》が淀君に発見される。落城前夜のことである。一方片桐且元は病を押して家康に面会し、淀君・秀頼母子の助命を請い、自らその迎えの使者に立つ。大阪城では大住与左衛門が関東方に内通して、千姫を脱出させる。それを知った淀君は怒りと心労とに狂気のごとく騒ぎ立てる。秀頼もこれを見て傷心《しょうしん》、出城を決意する。が、徳川方の智将本多佐渡《さど》は井伊直孝《いいなおたか》と謀り、淀君・秀頼の自滅を計る。且元は駕籠《かご》を急がせてやっと桜門前まで来たが、病苦が募《つの》り、やむなく息子だけを城門に遣わす。時も時城内へは大砲が打ちかけられ、火の海となる。家康が来所、正に息を引取ろうとする且元に薬湯《やくとう》を与えるのであった。

この作は逍遙の脚本中、最も上演回数の多いものであり、時を経るにしたがって声価を増したが、発表当時にはさまで評判にならなかった。

明治三十七年（一九〇四）

『桐一葉』の上演

明治三十六年歳末を大磯で過ごした逍遙は、翌三十七年一月になって妻と共に熱海に移り、病後の身を静養していた。

二月に入ると、十日に宣戦の詔勅が下り、日露戦争となった。国家としての非常時であったが、ことに劇壇は二大名優たる五代目菊五郎と九代目団十郎を、その前年に失い、暗黒時代を迎えた時だっただけに、その不安と焦慮ははなはだしいものがあった。この危機を乗り切るに役立つ何物かがないかと、探し求めた歌舞伎界は、ここで逍遙の十年前の作『桐一葉』に目を付けたのであった。

伊原青々園《せいせいえん》を介して、東京座の当事者から、なお熱海滞在中であった逍遙の所に、その上演許諾を求めて来た。逍遙としては創作した当時と情勢の異なった劇壇に今更提供するのは本意でなかったし、かたがた舞踊劇の革新に全力を尽そうとしていた時でもあったので、それを断る考えであった。

しかし、劇場側では事前に相当準備を進めていたので、なおも歎願に及んだ。それで実演台帳を見てということにして、取り寄せて見ると、案の定《じよう》狂言作者流に筋立も文句も書直してあった。たとえば淀君と且元とが顔を合わせるようになっていたり、全体が秋であるのを一部分春のことに書き改められていたのであった。こんな旧形式に戻すのでは全く意味がないので、断然それらの改訂を命じ、

ほぼ原作どおりにして上演承諾

文句も添えることは許さない、削ることは許すという条件付で承諾した。

ただ二幕目の吉野山は五幕目に置かれることになってしまった。作者としてはまず初めに豊臣家の栄華を見せて、それが没落して行く様を舞台の推移の上に表わし、大詰《おおづめ》の長良堤《ながらづつみ》の場で寂しいふたりきりの訣別《けつべつ》を見せようとしたのであったが、興行者側は、当時は午前九時三十分の開場、十時開幕という時代だったので、豪華壮麗な吉野山の場が正午ごろに済んでしまうのを興行政策上不利であるとして、他に種々口実を設けて、むりやりに逍遥に応諾せしめた。

好評だったが作者は不満

逍遥は帰京して、二月二十七日の初日を見物した。一座の俳優は、五代目中村芝翫《しかん》(五世歌右衛門)・三代目片岡我当《がとう》(十一世仁左衛門)・六代目市川高麗蔵《こまぞう》(七世松本幸四郎)、初代市川猿之助《えんのすけ》(二世段四郎)・二代目市川女寅《めとら》・四代目沢村訥升《とっしょう》(七世宗十郎)・五代目市川寿美蔵《すみぞう》らであった。

「坪内文学博士作」と銘打ったこの大作は、社会一般からも期待されたが、劇場当事者も十分注意し、俳優たちも特に熱心に研究した。舞台装置や衣裳の考案などには、久保田米僊《べいせん》が関与するという気の入れようだった。とにかく舞台的にも、在来の狂言をやるのとは違っていた。そして興行的にも大成功を収めた。劇評家たちの間でも好評であった。が、逍遙には不満の点が多かった。

そうはいうものの、役々のうちで、当り芸として最も好評だったのは、我当の且元だった。次いで芝翫の淀君がそつのないできで、従来の芸域《げいいき》を広め、性格を表現し得たと評された。高麗蔵の重成も懸命なのが賞され、女寅の蜻蛉《かげろう》も訥升の銀之丞《ぎんのじょう》などもよいでき栄《ばえ》と取沙汰された。

上演目録の重要な一つとなった新史劇

この初演の成功は、一か月後の五月、大阪の角座《かどざ》に再び上演せしめた。今度は我当が且元と淀君とを勤めた。京都でもこのふた役を演じた。だが、当り役は且元は我当の仁左衛門、淀君は芝翫から改名した歌右衛門ということになり、木村重成はその後に演じた十五代目市村羽左衛門《うざえもん》というところに落付き、『桐一葉』は歌舞伎の新しい史劇の重要な上演目録の一つとして、繰り返し演ぜられることになった。

史劇から舞踊劇へ

国劇刷新に志す逍遙は、わが能楽や俗曲を研究し、外国のオペラやバレーを調べた結果、歌舞伎舞踊こそは世界に類例のないものとの確信を深め、これを純化し、より芸術化するならば、国劇向上に資すること大なるものがあろうと数年来考えていた。

『新楽劇論』『新曲浦島』公刊

この信念が成長し、結晶したものが、この年十一月公刊された『新楽劇論』であり、『新曲浦島』であった。『小説神髄』と『書生気質《かたぎ》』、『史劇論』と『桐一葉』の場合と同様、論と作とを同時に世に送り、おのが主張を明瞭にしようとしたのであった。

『新曲浦島』は、日記によると、細目の考案を進め始めたのが四月二十九日、本式に書き出したのは、夏休みにはいってからであった。しかも速筆で有名な逍遙もこの作ではなかなか筆が進まなかった。「浦島苦吟一字も成らず」という日さえあった。この執筆中もかたわら絶えずワグナーを研究、『タンホイザー』や

『ニーベルンゲン』などを何度か読んだ。そして稿の成ったのは八月十九日だった。

あらすじは、ほぼ伝説どおりで、三幕十二景《シーン》に構成された。序の幕は、丹後澄《すみ》の江《え》の浦、秋の夕暮れ。家出をした浦島は、それを捜しに来た老父母と会うが、再び衝突して立ち別れ、とど自殺しようとする。そこへ以前亀になって陸近くへ来た時に助けられた乙姫《おとひめ》が現れて、浦島の死をばとどめ、海底の龍宮へと誘い、相携えて舞いながら海路を行く。中の幕は龍宮。浦島は人間界を忘れ果てて、早や三年間を乙姫と慰楽を共にして来た。が、ある月あかりの夜、どこからともなく船歌が聞えて来て、浦島に父母恋し、人間界へ帰りたいとの気持を起させる。姫はこれを思いとどまらせようと、舞斑《まいなかま》を呼び出して、賑やかな舞を見せるが、浦島は両親の幻影《げんえい》を見て殿上からころげ落ちる。浦島は姫から形見の玉筐《たまくしげ》を贈られて龍宮を去る。詰の幕はもとの丹後の浜べ、龍宮の三年は現世の三百年だった。

あまりに事変り、人も変っているのに驚いた浦島は、果ては物狂いのようになり、乙姫を慕い歎き、手にした玉筐を開けると、中から白い煙が立ちのぼり、たちまち老翁になってしまった。

前代未聞の楽的構成

この作は筋としてはそう複雑ではないが、舞踊劇としての音楽的構成からすれば、前代未聞の大がかりなものであった。唄《うた》い物系統では朗詠・謡曲・長唄・追分《おい》《わけ》などが、語り物系統では一中《いっちゅう》・竹本・常磐津《ときわづ》・清元・大薩摩《おおざつま》などが用いられた。歌舞伎関係の鳴り物音楽のほかに雅楽も取り入れられ、更に三幕目には洋楽も使用してあった。もちろんセリフもはいり、それは狂言ことばが主であったが、歌舞伎調も交じっていた。いわば現存する非常に多種多様の演劇・歌曲・音楽を自由に使った画期的な作品だった。

注目すべき楽劇論

一方『新楽劇論』は、逍遥自身「緒論」であるといい、国劇改良意見の一部とも見られる。内容は国劇刷新の必要・国劇刷新の方針・わが国劇の三大別・技芸上から見た歌舞伎衰微の原因・国劇刷新の二途・能楽と歌舞伎劇と振事《ふりごと》劇・わが振事劇に遍在《へんざい》せる欠点・刷新の要旨・刷新案および実施法、の九項目から成っており、国劇改良の一方策として新楽劇を提唱したのだった。一小冊子とはいえ、それはまことにまとまった論文であり、日本舞踊史上未曾有《みぞう》の著書だった。このころはまだ舞踊劇ということばが使われていなかったので、逍遙は楽劇(ミュージック・プレイ)と呼んだのであった。

舞踊劇の論と作に対する社会の反響

この論と作との二書に対する社会の反響は、史劇の発表後十年近く倫理教育に没頭していた逍遙の文壇復帰ということもあり、東京・大阪における『桐一葉』の上演成功も時の人たらしめたでもあろうが、明治文壇を通じて、恐らくこれほど多方面の人から評判されたものはないとさえ思われるぐらいであった。

俳誌『ホトトギス』は、「逍遙先生の浦島が出たというので世間では大評判じゃ。新聞や雑誌も筆を揃えてほめちぎっている。化学の実験室で初めてラジウムを燃やした時のようなあんばいじゃ。満場の人は皆目がくらんで、当てもなく大拍手大喝采という騒ぎじゃ」と評言の冒頭に記した。東西の新聞や文学・学芸・総合雑誌はもとより、短歌や美術・音楽、さては少年・少女などの雑誌までも、単なる新刊紹介でない評論なり所感なりを掲げた。批評の中には数回にわたるものも多く、八回・十四回・十六回に及んだものさえあり、実に翌年の三月ごろまで文壇を賑わした。

けれども舞踊劇に芸術性を認めて研究し、しかもこれを将来国際芸術として成長せしめようとする抱負を持っていた者は、逍遙を除いてはほとんどなかったといってよいのだから、全面的にこれを正しく批判することはだれにもむずかしかった。だいたいにおいて、逍遙の新舞踊劇の提唱に賛成し、その作品に拍手した形であった。

部分的な試演は行われたが、全曲の実演は作者生前はむろん、その死後にも行

文学科長就任をことわる

明治三十八年（一九〇五）『新曲赫映姫』

われていない。ただ十三世杵屋《きねや》六左衛門と五世杵屋勘五郎の作曲になる長唄は、広く世に行われ、名曲の一つになっている。

この年、早稲田大学は逍遙に文学科長就任を懇請したが、固辞して受けなかった。ちなみに東京専門学校時代以来、逍遙は実質的に文学科の中心であり、責任者的な地位にあったが、科長ではなかった。こうした名目の役がらは、逍遙の最も好まぬものだった。

戦勝の年、三十八年十一月に逍遙の第二の新舞踊劇『新曲赫映姫《かぐやひめ》』二幕十五段が発表された。『竹取物語』をほぼそのままに、朗唱を本位とした能楽系統の作であった。ことばは謡曲調を主にし狂言調を加味したもので、従来の長唄所作事《しょさごと》に近いもの。前作『浦島』からすると幾分譲歩した形で、野心作ではあったが、理想一辺倒のものではなかった。

世間的には好評であったこの力作も、後に述べる易風会《えきふうかい》の席上で、一部分が演奏されただけで、振付《ふりつけ》もされず、公演もされなかった。いかほどりっぱな詞章の台本ができても、作曲者と振付師に人を得なければ、新舞踊劇運動は実際には進展しない。逍遙の提唱と現実の舞踊界との間には、かなりの隔《へだ》たりがあった。

逍遙は大きな失望を感じつつも、「飛石を設ける必要があると思いついたので、できるだけ固有の形式の採るべきだけを取り入れ」、とにかく実演されそうな――いわば小乗的な作品を書くことにしたのだった。

オペラ『常闇』

その間、三十九年に『常闇《とこやみ》』を文芸協会第一回公演用として執筆した。天《あま》の岩戸開き伝説の前半を扱った二幕の作で、東儀《とうぎ》鉄笛《てってき》の作曲ならびに演出だった。世評は良くなかったが、わが国における創作オペラとしては最初のものだった。

小品舞踊劇十一種

「過渡期におけるわが舞踊劇の当用に供せんとて」作られたのは、『鉢《はち》かづき姫』『俄《にわか》仙人』『金毛狐《きんもうこ》』『一休禅師《いっきゅうぜんじ》』『お夏狂乱』『初夢』『小袖物狂《こそでものぐる》ひ』『和歌の浦』『寒山拾得《かんざんじっとく》』『お七吉三』『歌麿《うたまろ》と北斎《ほくさい》』の十一種で、四十年から四十五年にわたる明治末年の期間であった。さすがにこれらの作は、それぞれ作曲・振付されて実演された。

舞踊劇の協力者

作曲において特に協力したのは、当時長唄界の少壮インテリと称された吉住小三郎と常磐津《ときわず》では芸熱心で知られた岸沢仲助だった。仲助は『俄仙人』と『初夢』だけで早世したので、後には常磐津文字兵衛と松尾太夫が作曲した。振付は『小袖物狂ひ』と『和歌の浦』を除いては、ことごとく藤間勘右衛門によってなされた。

『お夏狂乱』

この十一種の新舞踊劇中で、商業劇場の興行で最も成功し、今日でも劇場でしばしば演ぜられもし、各種の舞踊会を通じても上演回数の多いのは、『お夏狂乱』である。公開の初演は大正三年九月、東京帝国劇場。六代目尾上梅幸で、これが当り役となった。六代目尾上菊五郎その他多くの俳優も手がけたが、女優では森律子・水谷八重子などがある。

『新曲浦島』『新曲赫映姫《かぐや》』が新舞踊劇論のための理想を示した標品であるのに対し『お夏狂乱』は逍遙の実演用作品の代表であった。そして四十五年の『歌麿と北斎』の作をもって、さしも精魂を込め努力を払った逍遙の新舞踊劇運動も、一応一段落となった。

小寺融吉は『近世日本舞踊史』の中で、「逍遙は、日本の舞踊の伝統について、前代・同時代のだれしもが及び得ない深い研究をしたという点が、何より推賞せられなければならぬ。また外国の舞踊を研究した最初の人でもあった。かつ舞踊学者とでも称すべきは実に逍遙をもって初めとする」と述べている。

逍遙の研究と労苦の結果は、当代においては報いられること必ずしも大でなかったが、その意義なり功績なりは、時を経るにしたがって、いっそう高く評価されるに至るであろう。明治以後の小説壇・劇壇の偉大な開拓者・恩人であった逍遙は、またわが舞踊界においても偉大な指導者であり、恩人だったといってよい。

八　劇運動の実践

明治二十三年来、逍遙を中心に学生たちによって続けられて来た朗読法の研究は、次第に実を結んで、『地震加藤』の実演となり、『桐一葉』や『牧の方』の発表となった。会員の顔ぶれは学生のことなので、絶えず多少の変動はあったが、創立当初から終始熱心に続けたのは、土肥春曙(庸元)と水口薇陽(鹿太郎)だった。三十年ごろとなると、専門学校を中途退学した東儀鉄笛、それに在学生の大鳥居古城(弃三)・畠山古瓶《こへい》(五平)が加わり、この五人が幹部になって、会場を牛込赤城《あかぎ》神社境内の清風亭に定めて時おり会合していた。中村吉蔵・正宗白鳥・巌谷《いわや》小波《さざなみ》・近松秋江らも参加したこともあり、なかなか盛況だった。テキストには主として逍遙の新史劇が用いられ、臨席の逍遙から批評やら注意やらを受けた。朗読術が上達するにつれて、幹部の連中は実演を強く希望するようになった。しかし、逍遙はただ「満を持《じ》して」と穏やかに押しとどめて、朗読の研究を続けさせていた。こうしてなおも数年がすぎた。

謡曲研究会と俗曲研究会

東京専門学校が早稲田大学と改まり、学園の発展するに伴い、教師中には文芸方面の知名の士もふえ、科外ではあったが謡曲研究会や俗曲研究会が創始された。逍遙は必ずしもこれらの研究会の中心ではなかったが、新舞踊劇研究の一助にもと深い関心を寄せていた。それに逍遙の命で水口が後者の会の幹事となっていたりしたこともあって、朗読会員たちは謡曲や俗曲の研究にも参加した。

劇壇の夜明け

逍遙の『桐一葉』が脚光を浴びて、文学者の脚本としては空前の好評を博した。これをきっかけに三十七年四月には鷗外の『日蓮上人辻説法』が歌舞伎座に、更に十一月には小山内《おさない》薫訳述の『ロメオ・エンド・ジュリエット』が真砂《まさご》座に上演されるというように、日露戦争による不安をはらみながらも、劇壇にはなんとなく新鮮味がほの見えて来た。それにちょうどそこへ逍遙の『新楽劇論』と『新曲浦島』が発表されて、未曾有の大評判となったのである。さあ、この機に打って出て、劇界革新の推進力になろうと、朗読会員たちは気負い立ち、新劇運動を目ざし始めた。

彼等の朗読法は、少なくとも『桐一葉』などでいうと、確かに当時の名優らよりも理解が深いだけにうまかった。だが、時代の動きに敏感な逍遙としては、自身が指導したのではあるが、十何年か前の朗読調そのままであるのが、飽き足らなかった。それに舞台経験のない人たちばかりなので、演技力にも欠けている。適当な脚本もまだできていない。資金の調達も絶対に必要である。

こうした幾つかの理由で、逍遙は尚早《しょうそう》を説き、自重を促した。しかし、説得されればされるほど、土肥・水口・東儀らの野心や希望は高まるばかりだった。かくて組織されたのが、易風会《えきふう》だった。長い朗読研究会を解散して、待望の実演研究にかかったのであった。
会名は会員の要望で逍遙が名付親となり、「移風易俗」の句に基き命名した。この名称にも、演劇の社会的使命を絶えず考えていた逍遙の意向がよく表われている。

雅劇『妹山背山』

易風会の第一回試演――雅劇『妹山《いもやま》背山《せやま》』は、明治三十八年四月二十八日、いつもの清風亭で開催された。が、これは俗曲研究会第五回の余興という形になっていた。名目は余興だったが、この時はむろん『妹山背山』の試演が眼目だった。この脚本は永井一孝が、近松半二の浄瑠璃『妹背《いもせ》山《やま》婦女《おんな》庭訓《ていきん》』の吉野川の一場を雅語に書き改めたのだった。雅語でつづってあったので、伊原青々園の案で雅劇と名付けられたのだ。
こうした雅語の散文で書いた台本を選んだのは、歌舞伎ふうの七五調式のセリフ回しから離脱する方便として、同人たちのやりたいという『桐一葉』や『牧の方』を押えて、新科白《かはく》を習練させようとの逍遥の意図からであった。東儀・土肥・水口のほか武山盛造・足立朗々・広田珊々《さんさん》らが出演した。

貸席のこととて設備も十分ではなかったが、原作をよく知って見ていた人々には、新しい劇術を目標としたことが認められた。ことに土肥の久我麿は、音声の美しさと新味ある二枚目ぶりで注目され、東儀の大伴宿禰《おおとものすくね》は、柄《がら》・音調ともに堂堂としていたので、大いに将来を嘱望《しょくぼう》された。しかし、一般学生などには、雅語のために筋もよくわからず、あまりおもしろくなかったという評であった。会費は一般五十銭、学生三十銭だったが、これだけでは経費の足りるわけはなく、不足分は全部逍遥が負担した。

文芸協会の設立

その秋、英国留学から帰朝した島村抱月を迎えて、早稲田派の文士や易風会の同人は会合して、新しい文化運動について協議した。その結果、島村が主になって立案し、演劇刷新の事業を行い、文芸雑誌を発行することを含めて、七―八項の目標を掲げた、大がかりな一つの協会を組織することになった。そして細則から、多岐にわたる新規事業の各自の分担までも定めて、その協会案を逍遙に示して、会長応諾を懇請した。

逍遙は驚くとともに非常に困った。正に新舞踊劇の振興に全力を注ごうとしていた際ではあり、あまりに広範な研究や事業を並べ立てた理想案——空想案であったから。そこで関係者一同を招いて、逍遙はその実行難を説き、一―二年後ならばともかくも、今すぐでは会長は引き受けられないと断り、その再考を促した。けれども、血気盛んな易風会同人と島村は、高田学長の口添えで、伯爵大隈重信を会頭にかつぎ上げてしまった。全く逍遙を出しぬいた形であった。世間普通の人ならば、たとえ門下生のことであっても、不快の感情をいだき、協力を拒むような立場であったと思われるが、責任感の強い逍遙はかえって、大隈伯の名に傷をつけぬよう、実質的に協会のために尽し、万一難局となったなら、自分が全責任を取ろうとひそかに決意したのだった。

発起人には、逍遙・高田をはじめ池内信嘉・鳩山和夫・桑木厳翼・三宅雪嶺・坪井正五郎ら二十七人が名を連ねた。文芸協会はこうして設立された。最高幹部たる幹事には、伊原・東儀・金子・水谷・島村の五人が任じ、特に東儀は社交的手腕と事務的才能が買われて、事務長になった。

事業としては、雅劇・朗読から能楽・洋楽・雅楽・俗曲・舞踊・講談・落語・新話術・風俗・洋劇・新楽劇・歌舞伎・新社会劇等の研究や試演、それに宗教・美術・教育・文学の講演、雑誌の発行、なおその上に芸術館の建設・演劇学校の設置・文芸保護案の制定等が堂々と並べ立てられていた。

文芸協会は、その内容や組織からいって名は同じでも、前期と後期とに区別すべきで、前後では大きな変動があった。

明治三十九年一月に発表されたいわば前期文芸協会に関しては、逍遙は直接の

明治三十九年(一九〇六)

前期文芸協会発会式

責任者ではなかった。

翌二月十七日、芝公園内の紅葉館で発会式が盛大に行われた。大隈会頭は病気で欠席したので、鳩山が挨拶《あいさつ》を述べ、会頭の演説要旨を逍遙が代読し、更に文芸協会の事業や理想について語った。余興としては、謡曲『新曲かぐや姫』の一節、長唄『新曲浦島』の前曲、手踊・新話術・新狂言、それに雅劇『妹山背山』・史劇『沓手鳥孤城落月』の糒庫《ほしいぐら》の場、小波《さざなみ》作の喜劇『誕生日』が演じられた。

雅劇の背景は岡田三郎助と和田英作とが油絵具で描いた。『孤城落月』は初演であり、演者一同逍遙の指導どおりに忠実に熱心に演じたので、非常の喝采を博した。ことに水口の淀君は気品といい、セリフ回しといい、狂乱の体といい、「よくもここまで研究したものだ」と賞賛された。最後の喜劇は、田村西男ら文士劇団の賛助出演だった。

この発会式の評判は、世間に逍遙が早稲田の一党を率いてついに旗上げをした、と伝えられ、受取られた。これは劇界に多大の刺激を与え、新機運を迎えるきっかけとなった。しかし、逍遙自身としては、それが、あたかも自分の主宰する会であるかのように見られるのは、迷惑であった。

文芸協会はりっぱな題目を並べてはいたが、さて発会式を済ませても、『早稲田文学』を再刊したこと以外には、何一つ実現できず、五月下旬に予定された大会開催も、そのとおりには運ばなかった。

演芸部第一回公演

ようやく十一月十日に歌舞伎座で演芸部大会第一回公演を開くことになった。上演曲目も予定とは変更されて、『ヹニスの商人』法廷の場、『桐一葉』片桐邸と長良堤の二場、『常闇《とこやみ》』が決まり、全部が逍遙の訳と作ということになった。会長を辞退したり、実行難を説いたりした逍遙ではあったが、結局はめんどうをみないわけには行かなかった。

この公演は、予期以上の成果を収めることができた。役々では、東儀のシャイロック、土肥のポーシャと重成、水口の且元とアントニオ、大鳥居の伊豆守などが好評であった。『常闇』は七十余名の合唱《コーラス》を加えると、実に出場人員百二十名に上るという大がかりなものだった。

『早稲田文学』の再刊

この大会後、今のことばでいえば自己批判をした協会は、方針に大整理を加え、事業の上では、『早稲田文学』の刊行と演芸部に主力を注ぐことに改め、逍遙と高田を顧問に仰ぐことになった。

再刊の『早稲田文学』に逍遙は文芸協会上演用台本を掲げたほか、『百合若《ゆりわか》伝説の本源』『文相訓令に対する意見』を発表した。

『常闇』『中学修身訓』公刊

『常闇』が単行本として発行され、また早稲田中学時代の倫理教育の結実であり、記念ともいうべき『中学修身訓』五冊がこの年公刊された。

舞台付新宅を建築

なお三月には、隣地に舞台付きの新宅の建築に着手し、六月に落成移住した。これは坪内家が正に新舞踊劇実験所化されたことを如実に物語るものであった。

明治四十年（一九〇七）

演芸部第二回公演

このころは、全く一家をあげての舞踊研究の日々であった。

明治四十年四月には、文芸協会は演劇研究所設置を決定したが、またしても紙上案で、具体的にはなんの進展をも見せなかった。

やっと第二回演芸部大会が開催されたのは、第一回からはちょうど一年目の十一月二十二日から四日間、本郷座においてであった。

曲目は、杉谷代水作の雅劇『大極殿《だいごくでん》』三場、『ハムレット』五幕八場、これに藤間勘右衛門によって振付けされた『新曲浦島』中の前曲と第四段が添えられていた。

『大極殿』は古雅に過ぎ、所作事《しょさごと》はやや期待はずれという評だった。『ハムレット』は全曲をこれだけ原作に忠実に上演したのも初めてであったし、激賞された。ことに土肥の王子ハムレットは、新旧俳優をあげての中でのはまり役だとされた。興行成績も、四日間とも盛況を極め、まず成功であった。

『鉢かづき』『文芸瑣談』公刊

明治四十一年(一九〇八)『新曲初夢』『近世文学思想の源流』

公演直後の協会幹部会では、篤志家より資金を集め演劇研究所を至急設立すること、逍遙を総理とすることの二件を決定した。

この年逍遙は、腸カタル・神経衰弱などに悩まされ、ほとんど絶えず服薬を続けた。が、五十嵐・杉谷らを助手として中学新読本の編集に努めた。

『鉢かづき姫付俄仙人』『文芸瑣談』が公刊された。

帝国学士院会員に推薦されたが、これを辞退した。

十月の早稲田大学創立二十五周年の祝典に際し、功労者として終身年金を贈与された。その記念祭用喜劇『登ろ〱』を執筆、『早稲田学報』に掲げた。事あるごとに、逍遙には仕事が人一倍おおいかかって来るのだった。

明治四十一年、逍遙は五十歳になった。『早稲田文学』に新舞踊劇『新曲初夢』や『近頃の劇の面白からぬ理由』などを発表。『早大文科講義録』には『近世文学思想の源流』を講述した。

十月には『倫理と文学』『金毛狐』が、十一月には『訂正中学新読本』十冊が公刊された。

『倫理と文学』『金毛狐』『訂正中学新読本』公刊

一方文芸協会は、演劇研究所設立資金がなかなか思うように集まらなかったどころか、協会自体が財政難に陥り、一時有給だった専任幹事制さえ廃さざるを得なくなった。それでこの年は全く活動するところなく、無為に終ることになってしまった。

明治四十二年(一九〇九)文芸協会行き詰まる

文芸協会の関係者中には解散を叫ぶ者もあって、主脳者たちは暗い気持で明治四十二年を迎えた。

二月三日の幹事会で協議の結果、将来の発展を図るために、新たに俳優養成に着手することを決定、この案を両顧問にもたらすと同時に、特にこの行き詰り打開のための助勢を逍遙に歎願した。協会死活の機に臨み、門下生たちの苦境にあえぐのを見、かつ近い将来大隈老伯にどんな迷惑をかけることになるまいものでもないと思うと、逍遙はそのあと始末をつけるために、立たざるを得なかった。

逍遙夫妻の決意

逍遙は邸内に観覧席のある二間半に四間のりっぱな舞台まで設けて、いちずに新舞踊劇に向かおうとしていた希望をも投げうって、協会建て直しの前後策を講じた。逍遙は芸術上はもちろん、経済上も全責任を自身が引受けることの決心をした。そして夫人にも「協会のなりゆきによっては、どういうことに立ち至るやも測り知られない。裏店《うらだな》ずまいも覚悟するように」と申し渡したほどだった。夫人もまた快くそのことばに従った。

後期文芸協会

この時期までが、前期文芸協会と見るべき時代である。逍遙の決意によって、俳優養成の案件は急速に実行に移されることになった。

逍遙が邸内の土地を無償で提供したことによって、二月二十二日の幹事会は、演劇研究所の建設と、来る五月から授業を開始することを議決した。

名義はなお顧問であったが、ひとたび立ちあがった逍遙は、全身を打ち込んで実施に取りかかった。

演劇研究所

三月には、演劇研究所の計画が公表され、四月には試験の上二十二名(のち三名追加)の研究生を採用、建物の竣工を待たず、五月一日の始業式、ただちに普通民家を借り受けた仮研究所で授業が行われた。

このころすでに新派の藤沢浅二郎の俳優学校や川上貞奴《さだやっこ》の女優養成所があったが、これらが単なる俳優養成を目的としたのに対し、この演劇研究所は、だいぶ趣を異にし、まず演劇に関する基礎を授け、あわせて実際的な研究を目ざしたのであった。

夏期休暇中に、坪内邸内の演劇研究所も落成したので、九月一日からは新校舎で授業が行われた。

新劇運動のメッカ

この演劇研究所の設立と相前後して、二代目市川左団次・小山内薫の自由劇場運動が起ったので、社会は近代劇ないし新劇に対して急に関心を深めるようになっ

共編『二葉亭四迷』公刊

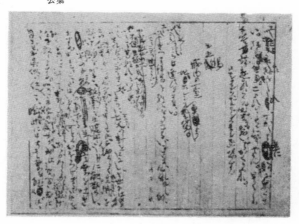

『ハムレット』の訳稿（第四幕第五場）

た。それで文芸協会は文壇劇壇注視の的となり、新劇運動のメッカと目された。だが、それだけに研究生の所内における戒律もきびしく、年内は基礎的な講義と実技の訓練ばかりに終始した。

逍遙の受持った講義は、シェークスピヤの『ハムレット』、実際心理学という名目で気質《テンペラメント》の研究、それから朗読法と実演指導であった。

五月には、ロシヤからの帰途、インド洋上で二葉亭四迷が没したので、その死をいたみ『早稲田文学』『太陽』『新小説』

に筆を執ったほか、魯庵と共編で単行本『二葉亭四迷』を公刊した。

『ハムレット』『作と評論』公刊

沙翁傑作集第一編としての『ハムレット』と『作と評論』も出版された。九・十・十二月と『東京朝日』の合評に加わり劇評をしたのも例年にないことだった。

この年九月、士行を外国に遊学させた。

明治四十三年（一九一〇）

明治四十三年一月、逍遙は静養のため熱海で過ごした。

演劇研究所試演会

演劇研究所は、この年から非公開の試演会を時々所内の練習場で催した。

第一回三月二十七日　『ハムレット』第三幕、『ヹニスの商人』法廷の場、『デビッド・ガアリック』三場。

第二回五月二十九日　『空想』三幕。

第三回七月十日　『鏑木《かぶらき》秀子』四幕、『孤島の兄弟』二幕。

第四回十一月五日　邸内の庭を利用した戸外劇『棺の傍』一幕、『噂《うわさ》のひろまり』一幕。

いずれもほとんど扮装《ふんそう》・装置なしの、素《す》げいこに近いものだった。このほか舞踊・能狂言・立回りなどの試演も何回か行われた。

逍遙は七月末から八月初めにかけて、早稲田大学校外教育部のため、京阪神へ講演旅行をした。東儀も同行した。

京阪神への講演旅行

九月に沙翁傑作集第二編『ロミオとジュリエット』を公刊した。『東京日々』に『日本にシェークスピヤ劇を興《おこ》さんとする理由』を連載したほか、沙翁劇関係の記事を多く書いた。

『ロミオとジュリエット』公刊

十二月の文芸協会の幹事会は、演劇研究所に試演舞台を新築することを決めたほか、明年を期し組織を変更、逍遙を会長とし、その独裁によってすべてを処理することを異議なく可決した。名実共に逍遙中心の強力な体勢にしようと考えたのである。

明治四十四年（一九一一）

明治四十四年、一月いっぱいを逍遙は静養のため熱海に滞在した。この間、岡田式静坐法を習い、以後三年間続けた。

文芸協会としては第一期生卒業の年である。二月十一日の幹事会には逍遙も出席して、会則改正・組織変更の件はすべて確定した。

文芸協会々長に就任

逍遙の会長就任に伴い、自然老伯の会頭制は消滅した。この時の協会の経理状態も、演劇研究所の会計も共に赤字であったが、それらの始末も今後の維持も、会長たる逍遙がいっさいの責任を取って解決することになった。この逍遙が陣頭指揮の固い決心を持って立った陰には、共にその事業に殉《じゅん》じようとのセン夫人の雄々しい心と励ましが原動力として働いていた。文芸協会のために、全財産を投げ出す腹であることを知った親友の高田・市島らは、その再考を促し、また他に穏当な方法はないかと協議したが、逍遙夫妻はその好意を謝しつつも初志を翻さなかった。

『早稲田文学』を分離

『早稲田文学』はこれまで文芸協会の機関雑誌の形式であったが、この際これをも分離することになった。文芸協会は純一に「劇界の刷新を計り、時代に適応する新芸術を振興する」ための文化団体であることを明らかにすると共に、「社会の風尚を高むるを目的とす」る旨を新会則に掲げた。

協会の組織一新と同時に、役員にも異動があった。会計監督には市島、幹事には旧幹事五人の留任のほか池田大伍と関屋親次が新たに加わった。

三月になると、初開場したばかりの帝国劇場との間に、五月下旬第一回の公開試演を行うという約束が早くも成立した。協会は活気づき、準備が着々と進められた。役割が決定すると、猛練習が開始された。英国の俳優学校にいたことのあるケート夫人も週一回来て手伝った。演芸主任の池田は、逍遙の指導を受けつつ、舞台装置や衣裳小道具に苦労を重ねた。一々大智勝観・綱島静観・筆谷《ふでや》等観らの画家が、各種の参考書と首っ引きでその下図を描いた。

また逍遙は公演に先だって、上演曲目『ハムレット』の解説やこれを選んだ理由などを、新聞・雑誌に書いた。
新聞社側でも、文芸協会の組織改変のこと、逍遙が私財を投じて、劇壇の革新を計る決意であること、旗あげ公演の準備が完了したこと、シェークスピヤの四大悲劇が順次上演される予定であることなどを記事にしたばかりでなく、出演者のおいたちまでも続き物で書き立てたので、一般社会の視聴を集め、公演の前景気は上乗であった。

公演に先だって研究生に告ぐ

それだけに逍遙は、協会関係者の自重を強く要望した。すなわち三月二十四日の夜、逍遙宅に幹事・研究生全員のほか、逍遙夫人をはじめ坪内大造・くに子・はる子らをも集めて、演劇刷新の要から、その難事業であることを説き、協会の方針、関係者一同の取るべき態度、公演に際しての守るべき諸注意まで、およそ二時半にわたり慈父のようにじゅんじゅんと訓示した。この時の訓示を読んだ感激を、全くの局外者であった阿部次郎でさえ、『中央公論』の『坪内逍遙論』の中で、「坪内先生は文壇の先輩中厳格な意味で最も事業に堪える人のように思われる。(中略)道義的自覚と道義的精神の充溢《じゅういつ》とを背景として、天職というような高尚な意味において事業をするに堪える人は、おそらく坪内先生を除いてほかにあるまいと思われる。俳優養成所卒業生に告ぐる辞のごときは、読んで涙のこぼれるほど貴いものであった」といっている。(原文ノママ)

道義的精神の強さ

文芸協会の業務がどんなに多忙になっても、このころは早稲田大学の授業時間数は十時間前後だったが、責任感の強い逍遙は、中学校の教頭や校長時代にもそうであったように、決して受持時間を休講したり、二時間の授業を一時間で切りあげるようなことはしなかった。しかも「近代劇研究」のような特殊講座では、イプセンなりショウなりについて、どんどん新しい研究を進め、十分下調べをして、異彩ある綿密な講義を続けたのであった。道義的精神の強さと清純な情熱とが、自らの実践面でも規範を示させ、それだけにその口にすることばは、千金の重さをもって人を打つのでもあった。

第一回公演

いよいよ五月二十日から七日間、文芸協会第一回公演が帝国劇場で行われた。『ハムレット』五幕十場は、逍遙の周到な演出により、最も良心的な舞台を示した。幸い七日間とも八－九分以上の入場者を得て、興行としては成功であった。土肥の王子ハムレットは前回にも増して好評であり、東儀の国王も評判がよかった。上山浦路の王妃と松井須磨子のオフィリヤも初舞台としては大できだと賞されたが、あとの出演者は未熟さが目立ち、中にはセリフの通らない者もあったと評された。全くのしろうとを二か年の修業だけで、いきなり帝国劇場という檜《ひのき》舞台に立たせたのだから、堅くなったり、すくんでしまったりして、研究所の練習場でのように演技できなかったのも無理はなかった。

演劇研究所第一期卒業生

六月十日、演劇研究所第一期生に卒業証書が授与された。加藤精一・林和《やわら》・森英治郎・河竹繁俊・林長三・山田隆弥・河野伸介・武田正憲・佐々木積・戸田猿

仁・吉田幸三郎・上山草人・鼓常良・上山浦路・松井須磨子の十五名だった。

大阪第一回公演

そのうちに、大阪の松竹合名会社との間に、大阪出張公演の話がまとまった。六月二十八日には、角座《かどざ》で講演会を開いた。逍遙の演題は、『文芸協会とハムレット』というので、二時間半以上に及ぶ長講だった。当日は大雨だったが、聴衆は千人近くもあり、真剣さと巧みな話術に、その講演を熱心に聞いた。事前運動としては成功だった。

七月一日から七日間、角座で開演した。配役は東京の公演と同じだったが、場割は多少変り、七幕という構成だった。背景にもくふうを凝らし、張物を用いたりしたので、音声の通りはよくなり、舞台効果はあがった。入りも東京以上の盛況で、第一回大阪公演は大成功を収めた。

『オセロー』公刊『七お吉三』

この年の多忙を極めた前半期においても、逍遙は精力的な活動を続け、文芸協会次回出し物の準備として『オセロー』(『沙翁傑作集』第三編)を訳了、舞踊劇『お七吉三』

『寒山拾得』

『寒山拾得《かんざんじっとく》』を書いた。

試演場完成

試演場は、三月着工、八月末には完成した。平屋建、総面積百十三坪余、工費は八千余円を要した。設計はもちろん逍遙だった。

舞台は間口六間、奥行四間、台檜《たいひ》の柾《まさ》材が張られた。楽屋は大小三室、ほかに図書室と逍遙の書斎も設けられた。見物席は六人詰の座席桝《ます》になっていて、六百人は収容できた。舞台前面の楣間《びかん》中央には、弘法大師の拓本《たくほん》から集字した「遊於《げいに》芸《あそぶ》」の額が掲げられていた。白木造りで飾りはないが、日本趣味豊かな構造だった。

試演場とはいっても、わが国最初のりっぱな小劇場だった。だが、この建設資金のためには、逍遙は邸宅と土地の大半を手離し、ために自分の住宅をば新築しなければならなかった。そして一時は試演場の楽屋を仮ずまいとしたのだった。

第一回私演

試演場の落成披露を兼ねて、第一回の私演は、九月二十二日から三日間行われた。

曲目は、現代劇イプセン作『人形の家』(島村と中村吉蔵演出)と、舞踊劇『寒山拾得』『お七吉三』『鉢かづき姫』であった。『人形の家』は時間の都合で、第二幕をカット し、ここのあらすじを幕間に、島村が簡単に述べた。舞踊劇には、吉田・松井のほか、大造・くに子・はる子・田中いせ(後の藤間伊勢)も出演した。

この私演は、非常に好評だった。この時観劇した帝国劇場の西野専務は、このままそっくり第二回公演とされたいと、提案したほど感心をした。若い文学者の間では、イプセン劇の感銘を語る者が多かった。三つの舞踊劇は、長唄研精会の盟主小三郎・六四郎が、作者の注文を聞いて苦心作曲し、「藤間の老師匠」勘右衛門が振付をしたものであり、ことに普通劇場には出ない名手小三郎らが特別に出演したのだから、ぜいたく至極なもので、それに踊り手も練磨を積んだ人々が主だったので、実に見ごたえのある芸術品になっていた。

第二回公演には、『オセロー』が予定されており、八月の初旬からけいこが続けられていたのだが、連合興行の相手方たる劇場側からの希望もあって、曲目を変更することになった。

東京第二回公演は、十一月二十八日から七日間、帝国劇場で行われた。曲目は、『人形の家』三幕、舞踊劇『寒山拾得』と『お七吉三』、『ヹニスの商人』法廷の場であった。舞台装置は岡田信一郎・和田英作・北蓮蔵、衣裳考案はケート夫人、タランテラ踊りはミス・ミークスが指導した。舞踊劇のためには、長唄研精会一派が特別出演した。

評判になったのは、『人形の家』だった。イプセン劇の清新さがたたえられ、またノラに扮《ふん》した須磨子は、新時代の女優として認められ、一躍名をなすに至った。そうして、これがきっかけとなって、「新しい女」が論ぜられ、次いで婦人問題や婦人解放論がやかましくなった。舞踊劇も好評ではあったが、私演ほどの共鳴を呼ばなかった。『ヹニスの商人』に対する世評は、好意的でなかった。
とにかく文芸協会にとって、この年は大飛躍の年度であった。

『劇と文学』『新撰国語読本』公刊

逍遙は十月、夫人と共に京都で片山春子の温習会を見て、伊勢参宮をした。『劇と文学』を公刊したのも同月。十二月には、新宅が完成し、『新撰国語読本』十冊も発行された。

なお夫人名義の余丁町の宅地を売却したので、その代償の意味で、熱海荒宿に小さな別宅を建築することにした。多忙な一年だった。

明治四十五年(一九一二)熱海に別宅新築

明治四十五年一月、熱海荒宿に新築中であった別宅ができたので、そこで静養、一月二十九日に帰京した。

文芸委員会より表彰さる

三月には、文部大臣から文芸の功労者として表彰された。これは文芸委員会で明治四十四年一ヵ年間の業績を審査、逍遙の『オセロー』『ロミオとジュリエット』の訳、および文芸協会の経営の件が共に規定投票数以上を得たためであるが、賞金の一半は文芸協会に、残りの一半は二葉亭・美妙・独歩の遺族に、すっかり分贈してしまった。もとより逍遥は辞退したかったくらいだから、特別光栄とも感じなかったらしいが、社会的に見れば文芸家として最高の名誉だった。文芸委員会はこの年限りで廃止されたので、こうした国家的表彰を受けたのは、明治・大正を通じて逍遥ただひとりだったからである。

大阪第二回公演

文芸協会は、まず大阪の公演で活動を始めた。三月十三日、高麗橋《こうらい》三越新館で講演会を開いた。東儀は「劇と音楽」、島村は「ノラ劇と婦人問題」、逍遥は「東京におけるノラ劇の印象」という題で語った。逍遥の講演要旨は『大阪朝日新聞』に掲載された。聴衆は五百あまりで、盛会だった。

大阪第二回公演は、三月十四日から七日間、中座で行われた。曲目は、『人形の家』三幕、『ヱニスの商人』法廷の場。舞踊劇は長唄演奏者の都合などで、省かれた。

興行としては、これまた成功だった。須磨子のノラと東儀のシャイロックとが特に好評だった。新聞には岩野泡鳴《ほうめい》・加藤朝鳥《ちょうちょう》らの劇評も見られたが、婦人問題の方が新聞雑誌に賑やかに書き立てられた。

『リヤ王』『所謂新シイ女』公刊

四月には、沙翁傑作集第四編『リヤ王』、『所謂《いわゆる》新シイ女』を公刊した。後者は婦人問題を平易に論じた書で、『人形の家』のノラ、『故郷』のマグダ、『建築師』のヒルダ、『ヘッダ・ガブラア』のヘッダ、『しとげた女』のヘルミヤ、『その前夜』のエレナ、その他ショウやヨナス・リー作の女主人公の解説をした、世の要望に応じたものである。

第三回公演

東京第三回公演は、五月三日から十日間、有楽座で開演された。いわゆる手興行（独力経営）だった。曲目はズーダアマン作『故郷《マグダ》』四幕（島村訳ならびに指導）。

婦人問題が盛んに論じられていた際だけに、『人形の家』よりもいっそう通俗味に富んだ『故郷』は非常に歓迎された。劇評家たちも称揚した。役々では須磨子のマグダがまたしても抜群のでき栄えといわれ、佐々木の牧師、林千歳《ちとせ》のマリーも賞された。十日間のうち七日まで真に大入り満員という好況で、興行成績は上乗だった。

ところが、終演五日後、突如警視庁から今後この作の上演を禁止する旨の通達があった。その理由は、最後の幕におけるマグダの行動は、わが国古来の道徳に反し、家庭道徳に悪影響を及ぼすからというのであった。

協会当事者は、既に大阪公演がほぼ確定していたので、この当り狂言を禁じられることは、なんとしても困ることだった。だが、この官憲の無理解な禁止令にショックを受けたのは協会関係者ばかりではなかった。文壇・思想界の人々も驚き、社会的の大問題となった。新聞の論説欄《らん》で論議したほか、浮田和民・内田魯庵・上司小剣・姉崎正治・建部遯吾《とんご》・吉田熊治・中島徳蔵・得能文らもそれぞれ所見を述べ、江木衷もまた『東京日々新聞』によってその非を論じた。こうした世論は別として、協会側としては島村が抗議した結果、マグダが親の命にそむく部分を改訂するという条件で上演解禁の許諾を得た。

演劇研究所第二回私演

第二回の私演が、六月七日から三日間、試演場で行われた。曲目は、バーナード・ショウ作『運命の人』一幕（楠山正雄訳・松居松葉演出）、喜劇『骨董熱《こっとう》』（逍遙作）、舞踊劇『歌麿と鐘馗《しょうき》』一幕（常磐津文字兵衛節付・藤間勘右衛門振付）。

中でも舞踊劇が呼び物になった。くに子の藤娘と大造の鐘馗が大いに賞賛された。

アーチャー来観

この私演二日目に、英国の劇評家で、イプセン劇の翻訳者であるウイリアム・アーチャーが来観した。協会では演了後、特に同じ舞台で、はる子の『三つ面子守』、大造・いせの『寒山拾得』、くに子の『朝妻船』などの舞踊を見せた。

大阪第三回公演

六月十二日、公演に先だち例のとおり講演会が大阪高島屋で開かれた。逍遙は「故郷劇の解釈」、島村は「舞台上のマグダ」という題だった。社会問題となった作品のこととて、超満員の盛況で、入場できなかった人が多数に出た。逍遙は、この作は『リヤ王』に似たところもあり、見方によっては教訓資料でもあるといい、また「マグダは新しい一つの見本であるが、手本ではない」と述べた。

協会内部に危機至る

大阪第三回公演は、六月十四日から十日間、北浜帝国座で開演された。曲目、『故郷』四幕。興行的にも成功だった。

六月十六日、京都で講演会を開いた。逍遙と島村が大阪でと同じ講演をしたほか、京大教授上田敏が「近代劇について」語った。この講演が済むと、逍遙は大阪・京都の公演を他に任かせ、すぐ帰京してしまった。

逍遙自筆の年譜には、「公演に関する事は島村と東儀に専任す。この間に二人和せず、葛藤《かっとう》を生ず」とあるが、興行成績もよく、劇団としての地歩も固まりかけたと見られた、このころから、内部的には危機がはらまれつつあったのだ。

京都第一回公演

京都第一回公演は、六月二十七日から六日間、南座で行われた。曲目、『故郷』

四幕。連日二千近い入りを占め、京都での新劇としては珍しい盛況と評判された。『故郷』は、問題劇ということもあって、名古屋での興行交渉も成立したので、七月十六日、逍遙は市島・島村・関屋・池田らと西下した。名古屋は逍遙の郷里というので、盛大な歓迎会が同夜催された。

名古屋での歓迎

翌十七日には、県会議事堂で講演会が開かれた。逍遙は、「何故《なにゆえ》に新しき劇を必要とするか」、島村は「舞台上のマグダ」と題して講演したが、聴衆は二千を越すという盛会だった。更に十八日には、名古屋劇談会主催の歓迎午餐会、夜は早大校友会の歓迎宴という有様だった。

名古屋第一回公演

名古屋第一回公演は、こうしていよいよ七月十九日を初日に、十日間の予定で、御園座で開演した。曲目、『故郷』四幕。

ところが、初日・二日目とも六－七分の入りだが、京阪各地に比べてどうも楽観できる状態でなかった。そこへ、二十日には、明治天皇御不例の報が伝わった。

更に三日目の二十一日には、開幕前に大雷雨があって、わずかに三分弱という入りだった。そこで急に土地の後援者とも協議の結果、天皇の御不例に対し興行を御遠慮すべきだとして、開演三日で公演を中止してしまった。思わぬ事態は、文芸協会の運命を予兆するもののようでもあった。逍遙は即日帰京した。

大正元年となる

ついに、大正元年と改元になった。

協会をおおうた暗雲は、一躍スターとなった須磨子を巡っての、幹部たる島村・東儀の争いに端を発したものだけに、名古屋公演中止後も加速度的に悪化しつつあった。

親不孝劇との非難

名古屋では京阪でも経験しないぐらいな盛んな歓迎を受けたものの、また一方「三十年ぶりに来郷した逍遙が親不孝劇を持って来た」と毒筆をふるった新聞さえあり、二―三の女学校長からも非難されたことは、社会教化を目ざす広義のモラリストである逍遙には大いに苦痛であった。たとえ近代劇の名作でも、社会に風教問題を起すような作品は、上演曲目に選ぶことを避けようという気持を強くさせた。

松居松葉の起用

かれこれ考慮して、会長たる逍遙は、新たに松居松葉を起用して、次回には健全な近代喜劇たるショーの『二十世紀』を公演する予定を立てた。この作は、『ユー・ネバー・キャン・テル』を改題したもので、松居の訳したものだった。

第四回公演

東京第四回公演は、十一月十六日から十日間、有楽座で開演された。曲目は、『二十世紀』四幕(松居演出)。ファースに近いこの劇を、俗悪味なくおもしろく演じたことに対して、劇評家の間にも成功との声が高かったし、興行的にも大入り袋が三つ出たほどで普通以上だった。だが、作品そのものとしては、『人形の家』や『故郷』ほど世間の注意を引くには至らなかった。

逍遙は十二月に、例年どおり熱海に出かけた。

大正二年(一九一三)『ジュリアス・シーザー』公刊

大正二年一月末まで逍遙は熱海にあって、『ジュリアス・シーザー』を訳了した。

第五回公演

東京第五回公演は、二月一日から十四日間、有楽座で行われた。曲目は、マイエル・フェルステル作『アルト・ハイデルベルヒ』(思い出)五幕(松居訳ならびに演出)であった。文芸協会ともあるものがこんな大甘物をとの世評も一部にあったが、見た目にはおもしろくわかりやすかったので、興行としては非常な成功だった。好評で二日間日延べをして、総益一千余円を得たという、協会始まって以来の記録を作った。また、出演者全員が技芸的に進歩したことが認められたが、わけても須磨子のケティー、東儀のユットナー、佐々木のハウクの好演が賞され、持味を生かした倉橋仙太郎の小使レラーマンも評判になった。

大阪第四回公演

大阪第四回公演は、三月十三日から七日間、浪花座で。

京都第二回公演

京都第二回公演は、三月二十一日から五日間、南座で。共に、曲目は『思い出』五幕で開演した。

逍遙はさしつかえがあって出張せず、したがっていつものような講演会も開かなかったためもあってか、両地とも今までほどの興行成績は収められなかった。それでも京都の方が学生の支援があったので、ややよかった。

演劇研究所第二期卒業生

演劇研究所では、四月一日から第三期生の授業が開始され、二十日には第二期生の卒業式を挙行した。広田浜子・倉橋仙太郎・久保田勝弥・金井謹之助・小野益太郎・川井源蔵・和泉房江・沢田正二郎・都郷道子・浅井房次(後の中井哲)・小串敏樹・鎌野誠一・林千歳・伊藤ゑい子の十四名であった。

協会内部の動揺

この時、逍遙は会長としての式辞を述べたあと、「他団体へ加入する者は、去就を明らかにせよ」と注意を与えた。当時大小種々の新劇団が続出して、中には利をもって誘うものもあり、また協会内部の抗争もようやく激しくなり、ために動揺しつつある者があると察知したからであった。

果して間もなく、第一期生武田が吾声会に幹部待遇で参加するために退会した。

次いで第二期生の倉橋・小野・小串・沢田・鎌野・浅井の六名が、次回公演後独立して新劇団を組織したいと申し出た。協会は、これに対して次の公演には出るに及ばない、ただちに自由行動を許すと回答した。が、このほかにも東儀・土肥に対する第一期生の不信任書が、逍遙の手もとに提出されていた。そこへ更に島村が長文の弁疏書《べんそしょ》を逍遙に提出して、幹事辞任のことを申し出た。会長としての逍遙は、非常な苦境に立たされたのだった。

島村・須磨子問題

そもそも島村と須磨子との問題は、ちょうど一年前の五－六月ごろ以来のことだった。協会員の風紀を保つためには、まことに厳格であり、現にこれまでも諭旨退会を命ぜられた研究生の大部分は、男女の問題が理由であった。それにもかかわらず、逍遙はその片腕とも頼む島村に対しては、むしろかばうようにして、寛大に同情的にその自ら反省し、冷静になるのを待ったのだった。しかし恋に狂った島村は、「ともすればかたくななりしわが心、四十二にして微塵《みじん》となりしか」

誤解は更に誤解を

と歌い、こうした恋愛告白の短歌や須磨子関係を物語るような対話劇『競争』を『早稲田文学』に発表し、自ら話題を世間に提供するの態度に出た。

島村を舞台指導の面から遠のかせ、松居を演出家として採用したのも、一つには島村に気分転換の機会を与え、自由な旅にでも出かけさせ、ほとぼりをさまさせようとの深慮からだった。けれども詳しい事情を知らない島村の親近者は、いちずに逍遙が島村を敬遠しての策だと解した。

また中には、公演曲目の選択などの考え方の違いから、問題の根柢には、逍遙と島村との間には思想的な対立があるかのように、深刻に考えた者もあったらしい。そして問題劇を取り上げてヒットさせた進歩主義の島村を、古典主義の逍遙が追放しようとしたのだと、被迫害者に対するような同情的な見解を示した者もあった。

こうして誤解に基く同情は、やがて島村を盟主としての新劇団を結成してはとの気持を一部の者に抱かせた。たまたま東儀・土肥両幹部に対する芸術上・人格上の不信任から、第一期生の大部分は、逍遙の指導下に属するにしても、自分たちだけの団体を組織する案を練っていた。こうした情報は、須磨子を通して島村に伝わっていた。島村は、須磨子を芸術的にも社会的にも生かす意味で、早晩何等かの方策を講じなければならぬことを考え、新劇団についての計画を心に描き始めた。

第二期生の退会には、島村は直接関係はなかったが、その中のある者が島村を演出指導者にと希望したこと、また須磨子を有楽座の専属にしてはといった者があったこと、等々のうわさや伝聞が、更に誤解に誤解を生むことになった。

逍遙は金子をして、島村の意向を確かめさせ、新劇団を作るためには須磨子を公然と連れて行くがよい、そして協会とは別動体のようにしてはどうかと勧告させた。どこまでも島村の面子《めんつ》を立て、その独立を助けようとの温い逍遙の心情だった。ところが、島村の金子への返事、逍遙への書状は、意外にも、計画中の小劇場に対して須磨子を引き抜く意志はないから、引き取るのは困るという意味のものだった。

島村辞任、須磨子諭旨退会

事ここに至っては止むを得ない。逍遙は市島をはじめ協会幹部の参集を求め、島村の辞意を承認すると共に、須磨子の諭旨退会を決議し、五月三十一日に金子と同席で須磨子にその旨を申し渡した。

協会組織の改革

六月に入ると早々、逍遙は協会の立て直しのため幹部組織の大改革を断行した。すなわち市島は理事、金子は学芸主任、池田は幕内主任、関屋は経営主任とし、土肥と東儀は今までの常任ないし監督を免じ平幹事にとどめ、第一期生中の吉田・森・加藤の三人を幹事に加えた。

事件の報道

こうした一連の協会関係の事件は、やがて報道関係者の知るところとなり、全国の新聞に大々的に、センセーショナルに書き立てられた。逍遙を是とするもの、島村に同情的なもの、単に興味本位に扱ったもの、また事実を誇張した報道、真相を曲解した記事など様々で、一時はその成り行きによっては協会はもとより、早大文学科の興廃にも関するような形勢であった。逍遙は会長の辞任を決意したが、周囲の事情はただちに引退することを許さなかった。逍遙は悲壮な気持で、期日の迫った公演の準備を進めた。

東京第六回公演は、六月二十六日から七日間、帝国劇場で開演された。曲目は、『ジュリアス・シーザー』六幕。舞台監督は松居。和田英作・北蓮蔵が舞台装置を担当した。

演出も興行も大成功だった。訳本も逍遙としては現代語に近いものになっていたし、松居も外国で特に研究して来たものだけに、その演出にもそつはなく、一般にわかりよい芝居だった。東儀のアントニーと加藤のシーザーが特にすぐれていた。

文芸協会解散

公演中から逍遙は、自分が会長を辞任後第三次文芸協会を存続すべきか、この際解散すべきか、この両案につき慎重に高田・市島をはじめ主要協会関係者とそれぞれ懇談協議した結果、打ち上げ後間もなく解散を決意した。かくて『ジュリアス・シーザー』の公演を最後に、シーザーの運命をそのままに、演劇革新の実践途上、逍遙はついに最愛の門下生の手に倒れた形であった。

七月五日の都下新聞紙上には、島村は須磨子と共に芸術座を起す旨が報ぜられ、同時に文芸協会の解散説を伝えた。翌六日の『東京朝日新聞』は、社説に『逍遙君の退隠』なる一文を掲げ、「坪内博士はいたく身の不徳を恥じ、ここにいまだ尽きざる演劇改良の抱負を犠牲《ぎせい》にして、一つは抱月君をして、新しき劇運動を起すに気兼ねなからしめ、他においては文芸協会員の後始末をなして潔く劇壇を退けるなりと称せらる」といい、更にその功績をたたえ、同情を寄せた。文芸協会の解散を報じた数日後の他の新聞も、「高潔なる坪内博士」とか、「芸壇この高邁《こうまい》なる人格を失う」とか、「新興芸術の損失」等の文字を大きく掲げ、その引退を惜んだ。

幹事会が、正式に会長の辞任を認め、解散を決議したのは七月八日だった。即日、評議員会にも諒解を求めて、ここに解散は決定した。

りっぱな結末

最後の公演まで協会に属していた十八名の演劇研究所卒業生には手当金を与え、その他の関係者には、それぞれ金品を贈って謝意を表した。これらの費用や、協会としての欠損補塡《ほてん》、残務整理費などには、逍遙はかねての覚悟どおり土地と建物を処分して、これを当てた。また逍遙は、これまでの寄付金に対する返付も意図し、実行に着手したが、これは自発的に辞退する旨を申し越された人が多かったので、二－三の寄付者に返金したほかは、謝状をもってこれに代えた。実にこうした事業の結末としては、まれに見るりっぱな潔いやり方だった。

劇界への寄与と影響

思えば逍遙が責任者となってからのいわゆる後期文芸協会は、準備時代が二か年、活躍時代はわずか三ヵ年、私演公演計十五回を行ったにすぎなかった。しかし、当時の劇壇に与えた新鮮な刺激と、短時日の間に多くの才能ある新時代の俳優を養成した功とは、没することのできないものであった。

解散した文芸協会は、三つの新劇団に分派した。一つは東儀・土肥・池田らによって組織された無名会。それから森・加藤・佐々木・山田ら第一期生たちの舞台協会。他の一つは島村と須磨子によって結成された芸術座であった。このほか傍系と目されるものには、卒業間際に退会した上山草人・浦路の近代劇協会、沢田を盟主とした倉橋・浅井らの新国劇、林夫妻の関与した黒猫座や文芸座等があった。個人的に演技者として、または作家・指導者の部門で活躍した人もあった。研究所を卒業はしなかったが、協会の縁故者であるという人々まで含めると、その後の劇界の興隆に寄与した効果と影響は実に多大なものがあった。

逍遙の劇運動の実践は、物質的にも精神的にも、かつて受けたことのない痛手を逍遙自身に与えたが、それは「演劇の父」の名にふさわしい、劇界への偉大な貢献として、いまだかって何人によっても企及し得なかったところのものであった。

『役の行者』の発表中止

なお逍遙はこの年五月、約十五年ぶりで創作劇『役《えん》の行者《ぎょうじゃ》』を完成し、文芸協会の幹部会の席上で自ら朗読して聞かせたことがあった。作者の思想生活とも関聯するものがあり、象徴的意義を多分に持った作品だった。公刊する予定で校正が進行中の六月十日、工場に解版を命じ、断然発表を中止してしまった。これは、この作を発表することは、種々の意味で島村問題につき誤解を招き、協会内部の事態を悪化させることをおそれての処置だった。そのためこの作の発表は、約四年遅れてなされた。

黙して語らぬ心情

当時はもちろん、その死に至るまで、対島村の問題に関しては、しいて求められても誤解に基く非難をされても、逍遙はかって一度も釈明がましいことばを語らなかった。そのために、事件の真相なり逍遙の心事は、今日なお誤り伝えられている部分がある。しかし、前記の『役の行者』の発表を中止した事実、またすべてに耐えて黙して語らなかった態度そのものが、明らかに深く早稲田を愛し、島村を愛した逍遙の崇高な心を、千万言にも増してよく物語っているように思われる。

十月には、静養のため塩原と箱根へおもむいた。十二月には、例年どおり熱海へ移った。

『ウォーレン夫人の職業』共訳『武器と人』公刊

ショーの『ウォーレン夫人の職業』と『武器と人』(市川又彦と共訳)を刊行した。

九　著訳専念時代

新舞踊劇運動も断念

文芸協会を解散して劇に関する実際運動から身を引いた逍遙は、同時に家族を総動員してまで多年続けて来た新舞踊劇運動をも断念し、舞踊のけいこに使用した、荷車二台分にも余るほどの、小道具類・背景用画幅・その他いっさいを、惜し気もなく子女たちの踊りの師匠藤間勘八に贈与してしまった。そのことを伝え聞いた勘八の師藤間勘右衛門は、逍遙一家の心情を察して同情の涙を流したという。けれどもこの時既に逍遙は、文芸に専念する意を固めたのであった。だが、さすがにすぐには仕事に手がつかなかった。

大正三年(一九一四)

大正三年を熱海で迎えた逍遙は、胃酸過多症に悩んだが、一月末に帰京した。その後病気はやや良くなったが、四月には静養と気分転換のため、夫人と共に中

『ヴェニスの商人』公刊

翻案劇『霊験』

国・四国地方を回った。五月に耳を病んだが、六月には約一年ぶりでの訳業として、沙翁傑作集第六編『ヴェニスの商人』を刊行した。法廷の場だけは前年訳したが、初めて完訳したわけだ。

八月は熱海で過ごし、九月には『新日本』に『霊験』三幕を発表した。これは文芸協会解散後公にした逍遙の第一作であったが、主として東儀・土肥・池田らの劇団無名会からの依頼で書いたのであった。この作はアイルランドの作家ジョン・ミリングトン・シングの『聖者の井戸《ザ・ウエル・オブ・ザ・セインツ》』の思い切って自由な翻案である。主題は、盲人のこじき夫婦が目明きになって幻滅の悲哀を味わうという、自覚に基く人生の悲喜劇で、織豊時代のことにしてあった。わが国中古の軽妙な風俗絵巻を劇化して見せたような作品には、全く翻案の臭みや不自然さなく、単に逍遙として成功しているばかりでなく、明治以来現在に至る翻案劇中でも出色のものである。翌年の帝国劇場の舞名会で上演され、東儀の盲こじき又《また》さはなかなか好評だった。その後、新派劇や他の新劇団によっても脚光をあびた。
十月には、逍遙は家族を伴い塩原に遊び、十二月には例年のように熱海へ移った。
『歌舞伎劇に対する希望』を『歌舞伎』十一月号に掲げたくらいで、この年は後半期にも新聞雑誌にはほとんど執筆をしなかった。

大正四年（一九一五）長岡会談三者の約束

大正四年一月九日、熱海に来遊した市島と連れ立って逍遙は、伊豆長岡の別荘に高田を訪問した。逍遙は文芸協会を解散した時、早稲田大学の教授をも辞して、一意文芸のことにいそしみたかったのだが、社会的名声や早稲田大学におけるその地位が、希望の実現をはばみ思うに任せなかった。それで、この時も退職希望の話が逍遙の口から出た。三人の話合いで、適当の機会に、学長の高田も後任を天野為之に譲り、同時に逍遙も教授を、市島も理事をよそうということになった。

早大より招電

それまではというので、逍遙は早稲田での講義を続けていた。暑中休暇になって房州へ家族と共に旅行し、片貝海岸に滞在していた逍遙のところへ、早大から帰京を促す電報が来たのは、八月十日のことだった。

早大教授辞任

早稲田大学の総長であった大隈が首相になり、学園をあげて歓喜したのは、前年のことであったが、大隈内閣の改造が行われた結果、高田学長は大隈の要請により、八月九日既に文部大臣に就任していたのであった。逍遙はこの事実を、帰途一の宮駅で、新聞を見て初めて知った。招電が形式的な相談であることをさとった逍遙は、勝浦・小湊《こみなと》を回り、十一日の夜帰宅した。

翌十二日市島に会い、学長後任問題の相談を済ませ、文相官邸に高田を訪問して要談した逍遙は、十四日夜大隈邸で開かれた早大維持員会に臨んだ。学長後任は天野と確定した。そこで逍遙は教授退職を主張した結果、「高田を名誉学長、逍遙を名誉教授、市島を名誉理事に推薦すること」が、この席で決定した。春の三者会談の件が、測らずも高田文相の就任によって突如実現したのであった。

しかし、こうして正規の機関で決定されたにもかかわらず、逍遙の教授辞任のことは、学内に公表されず、九月新学期になっても休講という形式になっていた。逍遙にはこうした政略的な措置《そち》が、迷惑でもあり不快でもあった。が、これは一面逍遙の位置がそれだけ学内に重きをなしていたこと、また学生の間に絶対の信望を得ていたことを物語るものでもあった。

叙勲拝辞

十一月六日、大正天皇の御即位に際して、早大学長天野は勲三等に叙せられた。この時逍遙も、私学経営に関する功労で叙勲せられるはずであったが、文芸上ならばともかくも、私学経営者でない自分には値しないことだとして、謹んで辞退してしまった。

書斎の人となる

ようやく教壇から解放された逍遙は、書斎の人として著作に研究に自由な時間を持つことになった。

『テムペスト』『アン

シェークスピヤの翻訳が『テムペスト』『アントニーとクレオパトラ』『真夏の

トニーとクレオパトラ』『真夏の夜の夢』公刊

翻案劇『現代男』

『醒めたる女』公刊

『教化と演劇』『霊験』『堕ちたる天女外四種』公刊

夜の夢』の三種完成、沙翁傑作集第七・八・九編として刊行された。

また東儀のための有楽座実演用台本として、セント・ジョン・ハンキンの一幕物『始終恋をしている男』を、翻案して『現代男』と改題、『中央公論』に発表した。この作は東儀・音羽かね子によって上演されたほか、その数年後、まだ学生であった友田恭助と、これまた作中の少女の年齢にも達していなかった水谷八重子とが戸外劇として演じたことがあった。

続いて同じハンキンの『最後のド・ムラン家』二幕を翻訳して『醒《さ》めたる女』と題した。この作はついぞ上演されなかった。以上二作品は『醒めたる女付現代男』として十月に公刊された。逍遙の近代劇研究の副産物とも見られるものである。

『教化と演劇』『霊験』および舞踊劇堕《お》ちたる天女・寒山拾得・お七吉三・歌麿と北斎・和歌の浦を収載した『堕天女《だてんにょ》外四種』もこの年単行本として出版され

た。

『絵入文庫』と『通俗世界全史』を監修

なお逍遥は、この十月から予約出版『絵入文庫』全二十四巻の監選と、十二月から出た『通俗世界全史』全十八冊の監修に当った。一般に叢書物の監修というと、大学者の名を修飾的に出版業者が利用するための用語のように考えられるが、逍遥の場合は文字どおり編修を監督する全責任者であった。

前者は、明治二十七年東京専門学校学生時代に逍遥邸に寄食して以来、終生逍遥夫妻に仕え、坪内家の雑務を忠実に処理した山田清作が、独立して事業を始めるに際して、逍遥がその初出版を助勢したものだった。これは文化・文政度の絵入読本《よみほん》を複製し、家庭に好読み物本を提供しようとしたもので、内容の選択も指導し、刊行の趣旨や毎回文庫本に付した解説までも自身で執筆したのであった。それで特に「監選」なる新熟語を使ったのだという。

後者は、世界大戦後の社会情勢に対応して、文学趣味豊かなしかも正しい世界史の知識を提供しようとするものだった。これは早稲田大学出版部の刊行で、この立案も逍遙であった。執筆者は西村真次・薄田《うすだ》斬雲《ざんうん》・中島孤島・松本雲舟らだった。逍遙の原案にしたがい、指示された参考書によってそれぞれ書いた原稿は、逍遙の校閲を経て印刷される段取りであったが、できあがった原稿に目を通してみると、逍遙には不満な点が多かった。責任感の強い逍遙は、自ら大改修を加える必要を感じて、この年の後半から翌五年にかけて、予期しなかった補訂事業に時間をさかねばならなかった。歳末からは出版部の編集室に通勤して朱筆をふるった。それでも予定どおりには刊行できないので、後には早大の松平康国・煙山専太郎両教授の協力を求めた。逍遙がひととおりならぬ苦労をしただけに、その補訂されてできた世界史は、歴史的興味と文学的表現をあわせ得た好著として光を放った。が、この補訂を続けた期間中、逍遙は家庭でも絶えずいらいらしていた。それで、セン夫人はようやく完了したと聞いた時に、逍遙の健康がどうやら

大正五年（一九一六）
関西旅行
芦の湯滞在

『女魔神』を発表

『マクベス』公刊

保ったことを喜んで、赤飯をたいて祝したという。その苦心の補訂ぶりを示す原稿は、今日も保存されている。

大正五年は、だいたい三月末まで熱海で暮らし、それから名古屋・大阪・京都を回り、天の橋立をも見物して、四月十日に帰京した。五月は夫人が湿疹《しっしん》をわずらったので、その治療のため逍遙は共に箱根芦の湯に滞在したが、この間も『通俗世界全史』の補修に努めた。六月になって熱海に移った。

この三月創刊された演劇雑誌『新演芸』の顧問になったので、ほとんど毎号同誌に評論または随筆を掲げた。九月号には、大正二年発表を中止した旧稿を改修、『女魔神』として発表した。

沙翁傑作集第十編として『マクベス』を公刊した。本書には「日本における沙翁研究翻訳翻案および上演の略誌」が付録として添えられた。

英国で刊行された A Book of Homage to Shakespeare（『沙翁敬仰の書』）に「シェーク

スピヤと近松」(伊地知純正英訳)を寄稿した。

芝居錦絵と番付

この年後半は東京に過ごし、年末に熱海へ移ったが、特記すべき事項は、十一月に『名残の星月夜』の稿を起したこと、十二月に早稲田大学維持員会を説いて小林文七所蔵の芝居錦絵三万枚と番付類を購収させたことであった。このコレクションの整理・保存が、後年の演劇博物館設立の動機の一つともなった。

大正六年(一九一七)胃酸過多症と不眠癖

大正六年になると、またまた胃酸過多に悩むようになり、不眠癖も募る傾向があった。

『名残の星月夜』

四月初めには、史劇『名残の星月夜』四幕十場を完成した。「尼《に》公《こう》・実朝《さねとも》・公《く》暁《ぎょう》の悲劇」というサブタイトルがついているが、鎌倉罪悪史に取材した三部作中の『牧の方』に続く第二作であった。あらすじは、名ばかりの将軍職実朝は、ひそかに唐船を造って宋へ渡ろうとする。船おろしは失敗する。実朝は入水しようとさえする。一方義時にそそのかされた公暁は、父頼家のあだを討とうと機会を

早稲田騒動の解決に奔走

ねらっていたが、ついに鶴が岡社頭で将軍を倒す。が、公暁もまた義時の魔手に命を絶たれる。尼公――政子は、生みの子や孫が、弟義時の陰謀の犠牲となるのを知りつつも、天下のため、また幕府維持のため、また内乱の起るのを恐れて、じっと堪え忍ばねばならなかった。発表は六月の『中央公論』でなされた。

健康のすぐれなかった逍遙を、いっそう悩まし苦しめたのは、いわゆる早稲田騒動なるものだった。前年の末に端を発したのだが、この六月になり、天野に学長辞任を勧め、代って高田が再任しようとすることが表面化すると、教授会や維持員会も対立抗争の渦中に巻き込まれ、次第に激しさを増して行った。逍遙はむしろん渦中の人ではなかった。それだけに、そしてまた早大の枢要の地位にあった中での最も高潔な人格者と認められていたので、種々わずらわしい立場にも置かれ、また解決のため奔走を余儀なくされもした。

七月十九日には、終身維持員・名誉教授の辞表を、逍遙は大隈総長に提出した。

劇画整理と研究

それでも紛争はますますはなはだしいため、維持員会に呼び出される始末であった。しかし、夏期休暇を冷却期間として、十月に入りこの騒動も一応静まった。

逍遙は八月から年末まで、小林コレクション芝居錦絵の整理研究を続けた。

芝居錦絵の整理
（大正14年夏　左は著者）

熱海には年末に移った。

『役の行者』『実演台帳桐一葉』『劇壇の最近十年』公刊

『活動写真の一種として見たる　わが国の演劇画』なる一文が一月の『江戸趣味』に掲げられたが、これは劇画の興味と価値を語った最初のものだった。

単行本として『役の行者』『実演台帳桐一葉』と評論集『劇壇の最近十年』が公刊された。

逍遙は十一月に腎臓《じんぞう》炎を病んだ。

大正七年（一九一八）

『義時の最期』公刊

早大学長に推されたが固辞

大正七年逍遙は六十歳だった。胃酸過多と不眠症は続いていた。四月末まで熱海にあった。

その間に、約一か月で、三部作の最後の史劇『義時の最期《さいご》』三幕十一場を書きあげた。陰謀をほしいままにして幕府の実権を首尾よくその手に納めた義時が、万事意のままになる晩年になって、ただ一つわが心に食い込んだ良心の責め苦に悩まされ、ついに因果応報ともいうべき悲惨な死をとげる。まことに恐ろしい心理的苦悩を描いた悲劇であった。『牧の方』を発表してから正に二十三年を費して、鎌倉罪悪史の三部作は完結した。幻想の場面のあること、あまりにも陰惨なことなどが、現在に至るまで上演稀少の理由であろう。『マクベス』『リチャード三世』などの影響手法の見られる作である。『中央公論』に発表、七月単行本になった。

早稲田学園の紛争の余波は、なおこの年までも持ち越されていたので、根本的に静めるためにも信望の厚い逍遙の学長就任が望まれ、度々その交渉を受けた。六月二十三日には最後の勧告が、大隈邸において行われた。けれども固く辞退した。
沙翁傑作集第十一・十二・十三編『以尺報尺』『冬の夜ばなし』『リチャード三世』が公刊された。また劇画研究の一端である豊国問題を雑誌『錦絵』に十回にわたり連載した。『史劇および史劇論の変遷』は『大観』に掲げられた。早大騒動にわずらわされながらも、逍遙は創作に翻訳に研究に評論に、盛んな活動ぶりを示した。

『以尺報尺』『冬の夜ばなし』『リチャード三世』を公刊

年末から刊行された早大出版部の『国民の日本史』十二巻のまた監修をした。
なお十一月五日、島村抱月が病死した時、逍遙は『読売新聞』や『早稲田文学』十二月号に追憶文を書いた。その中で、「おそらく同君は私を最もよく知っていたひとりであり、私はまた同君を最もよく知っていたひとりであったろう」といい、その人物や才幹を描写し、弟に対するような切々たる情味をもって、その死をいたんだ。

『国民の日本史』を監修
島村抱月の死

大正八年（一九一九）水口村に地所購入

太田・名古屋方面へ旅行

絶家の決意

年の暮れに熱海に移った。

大正八年は、四月まで熱海で過ごした。近年町の発展につれ、荒宿が閑静でなくなったので、静寂の地を求めて、山手の一角、当時三十戸ほどの草屋の点在したにすぎぬ水口《いり》村に三百坪の地所を購入した。

五月には、郷里の太田・名古屋方面へ旅行した。逍遙は大正元年、名古屋へ文芸協会と共に行った際、太田を尋ねたことがあったが、夫人には初めてだった。幼年時代の友にも会い、遊び戯れたあちこちを見て回り、記念写真も撮影した。日本ラインを下り、名古屋に出て、帰京したのは二十三日だった。

還暦を機に、逍遙は劇の実際運動を断念して以来考えていた、自分ら夫婦の死後は絶家にするの決意をいよいよ固めた。それで当時宝塚にあって歌劇学校の教師および国民座の主事として手腕をふるっていた士行と、五月末に協議して復籍分家を決定した。

新文芸協会のために

十一月中旬には、東儀が石川木舟・加藤・森・秋元らと共に結成した新文芸協会のために、その旗あげ興行用の脚本『法難』五幕八場を一応脱稿した。が、念のため二日ほど、夫人と共に日蓮遭難の房州小松原の旧跡を視察した。

『法難』を朗読

十二月十日に、新文芸協会の発途を盛んにするためと、今一つは早大文学科学生の希望もあって、早稲田大学大講堂で朗読会を開いた。逍遙が予期していなかった大隈老侯までが臨席、傍聴した。千三百人を収容することのできた会場は、いっぱいで、なお廊下から階段まであふれるという盛況だった。逍遙は脚本朗読の意義を語り、引き続き『法難』を読んだ。前後三時間余、休まず、水一杯口にせず、聴衆に多大の感銘を与えた。

この作のあらすじは、蓮華寺における日蓮と念仏宗の僧俗との法論に始まり、工藤吉隆の法華宗帰依、念仏宗の東条左衛門が日蓮を小松原に要撃するのを、工藤がこれを救助するという日蓮の伝説的伝記の一部を劇化したものだった。発表されたのは、翌九年一月雑誌『大観』、初演は二月末の明治座だった。作としても演出としても好評だった。

『ヘンリー四世』第一・二部を訳し、沙翁傑作集第十四・十五編として刊行したほか、『五十年前に観《み》た歌舞伎の追憶』を脱稿した。劇画や劇場構造の研究を『新小説』『錦絵』に執筆した。『逍遙劇談』も単行本になった。

『ヘンリー四世』第一・二部、『逍遙劇談』公刊

十二月末、熱海へ移った。

大正九年（一九二〇）双柿舎落成

大正九年四月下旬からしばらく中帰りはしたが、五月まで熱海に滞在。水口村の別宅建築は、月末に落成した。庭前に樹齢三―四百年と思われる二本の柿の木があるので、「双柿舎《そうししや》」と名付け、荒宿の旧宅を引き払った。ここは、西と北には風を防ぐ丘と山を負い、南東には魚見崎から初島の浮かぶ伊豆の海をながめ、東西には低く見下される田畑、それを越して湯の町の屋並みや湯泉の煙を、木の間に見るという景勝の地で、当時は別荘や旅館は一軒もなくひなびた里であった。

双柿舎遠望
（左，逍遙書屋。中央，双柿樹。右，母屋。熱海市水口町）

研究・著作に専心するにふさわしく、また安静のいこいの場にも適するすまいとして逍遙が設営しただけに、まことに調和ある芸術品的建造物である。現在早稲田大学の管理下にあって、一つには在りし日の逍遙夫妻の生活をしのばせ、一つには熱海の観光名所として保存されている。

ちょうどこの年あたりから、これという道楽を持たぬ逍遙は、時のすさびに短歌を作った。中にも、双柿舎に関しての作は多いが、

打仰ぐ老柿《おいがき》のうれけぶりそめわが庭もせに春陽《はるび》さしたり
老柿のいささ五百枝《いほえ》のをち方の青海原は見れどあかぬかも
朝けよし真昼の日陰あしからず夕ばえはことに柿のもみぢ葉
人の世の姿とも見む限りなくうつりも変る海山のいろ
山を見て稀《まれ》にし飽けば海を見て経《ふ》とも思はず幾日経《へ》にけん

などというのがある。

『名残の星月夜』上演

大谷竹次郎が両三年来上演を希望していながら、俳優の顔触れや省略場面の件などで、逍遙の応諾するところとならなかった史劇『名残の星月夜』が、この春松竹との間に決まった。当時の歌舞伎劇壇のオール・スター・キャストによる歌舞伎座五月興行がそれであった。実朝は五世中村歌右衛門、深見三郎次郎と尼御台は七世市川中車、結城《ゆうき》朝光は十五世市村羽左衛門、公暁が二世市川左団次、狂女が二世市川猿之助、実阿弥が七世松本幸四郎、大江入道が十一世片岡仁左衛門という配役だった。前景気もよく世間の期待も大きかった。

逍遙はこの際理想的な歌舞伎劇の演出を試みたいと思った。そこで、台本の整理はもちろん、舞台装置の下図も自ら描き、唐船の場は八木淳一郎を使って模型まで用意した。東京へ出張って、自身本読みを行い、劇場側の諒解を得て、けいこにも立ち合い、直接俳優への指導もした。

ところが、五月三日初日があくと、三幕目の唐船の場に至って、突然三階席の一隅から猛烈なやじが起って、この一幕をとうとうめちゃめちゃにしてしまった。この情景に、逍遙は憤激して熱海へ帰った。が、初日のみならず、二日目、三日・四日となっても、この声の暴力――妨害的やじ騒ぎは、大向こうの一隅から、唐船の場に限って沸き起るのだった。明らかにそれは、ある人たちによる陰謀だと取り沙汰された。

劇作の意欲を失う

この月末上京した逍遙は、歌舞伎座を再見したが、その舞台はあれほど熱心に

『お気に召すまま』『じゃじゃ馬馴らし』『芝居絵と豊国および其門下』『少年時代に観た歌舞伎の追憶』『法難』公刊
共編『歌舞伎脚本傑作集』
文化事業研究会

自分が指導した精神を忘れた、勝手気ままな演出に変っていたので、三幕だけで劇場を出てしまった。そうして無自覚な役者と観賞力を欠く低俗な見物にあきれた逍遙は、今後は歌舞伎俳優の演出者たることを断念すると共に、劇作する意欲をも失ってしまった。

この年、シェークスピヤの『お気に召すまま』『じゃじゃ馬馴《な》らし』を訳し、沙翁傑作集第十六・十七編として出したほか、『芝居絵と豊国および其《その》門下』『少年時代に観た歌舞伎の追憶』『法難』を公刊。また渥美《あつみ》清太郎と共編で、『歌舞伎脚本傑作集』十二巻を発行することになった。

十月、早大文学部内に文化事業研究会が創設されると、逍遙は毎週六時間の講話を担当し、早くもその方面の指針として、『女性日本人』に『演劇と少青年教育』を『東京朝日新聞』に『文化力としての演劇の利用』を発表、社会の注意を呼び起そうとした。

一〇 国民教化への道

国劇向上を期して

多年国劇革新の理想をいだいて、劇作に理論に開拓者的活動を続け、また数年とはいえ、劇の実際運動に物心を傾けて熱中した逍遙も、世に刺激を与え後人に影響を及ぼしはしたが、その意図する成果を見ることができなかった。意気込んでした『名残の星月夜』の直接指導も、ただ歌舞伎劇界と一般観衆に失望する結果を示したにすぎなかった。しかし、こうした大きな打撃を受けながらも、国劇向上の望みを捨てぬ逍遙は、新日本の文化に適応した演劇の樹立のために雄々しくも立ちあがった。

国民演芸と文芸教育

文化事業研究会は組織の上では、「国民演芸」「文芸教育」の二部門に分かれていたが、もとより逍遙は国民演芸部門を分担し、まずページェント劇を提唱した。

大正十年（一九二一）ページェントの論と作

わが国で、「ページェント」なる語が知られ始めたのは、大正九年の春東京で開かれた世界日曜学校大会以来であるが、逍遥のものは、ヒントを外国のものに得たとはいえ、全く特殊な独創的なものであった。社会の芸術化と芸術の社会化を、ページェント劇の利用によって理想的に実現しようと企図したのであった。

大正十年には会員に理論を講じ、また『新民衆劇を興《おこ》さんとする理由』（『改造』一月号）『ページェントの適用範囲』（『早稲田文学』二月号）などを続々発表すると共に、例によって実物見本として、『熱海町のためのページェント』なる台本を執筆し、それの実習をも自ら直接指導した。この作には、約六種の様式が示された。第一は『事代主《ことしろぬし》の命《みこと》』という仮面小歌劇、第二は『大湯のはじまり』という民謡本位の田舎劇《ルーラル・プレー》、第三は『頼朝《よりとも》と文覚《もんがく》』で石橋山の敗戦を描いた活歴劇、第四は『歴史の流れ』と呼ぶ少年の旗行列式の黙劇《パントマイム》、第五は『坦庵《たんあん》と象山《ぞうざん》』という写実劇、第六は終場曲《エピローグ》『小蓬萊《しょうほうらい》』で、参加者一同の総踊りであった。

ページェントの試演

この作の一部は、ちょうど発会一年目の十月二日戸山学校々庭で、会員たちによって試演された。活歴劇用のものを除き、小道具・衣裳から仮面までも、逍遙の指導で会員が製作したが、その演出にも種々新技巧が凝《こら》された。

『聖徳太子と悪魔』

続いて逍遙は、歌舞劇式ページェント『聖徳太子と悪魔』を執筆した。この作は、太子の一千三百年記念の意味で、同年秋大阪毎日新聞社の後援で上演の予定であったが、劇場も内定していながら出演者の問題で中止されてしまった。翌十一年には、大阪朝日新聞社主催の近松二百年記念事業の一つとして、『近松ページェント』台本の懸賞募集が行われたが、一編の佳作さえ見いだされなかったので、これも実現されずにしまった。こうした理由で、関西におけるページェント劇の実演は、二度までもその良き機会を失ってしまった。文化事業研究会の大阪における講演会は、毎日新聞社の後援で、十年十一月に開催された。逍遙に片上伸と横山有策が同行した。

大正十一年（一九二二）児童劇運動

『家庭用児童劇第一集』公刊

大正十一年は、自筆の『年譜』にも「主として新児童劇の主唱と創作に傾心す」とあるように、児童劇運動に乗り出した。だが、逍遙に取ってはページェントも児童劇もほぼ同じ動機からの提唱であり、同一線上の運動の推進であった。文化事業研究会でも児童劇の理論を講じ、その論稿をば新聞雑誌に掲げると共に、児童劇脚本をも創作して、十一月には早くも『家庭用児童劇第一集』を刊行して、その清新で教育的な作品例を世に示した。

それまでも児童劇は広く世に行われていた。けれども従来のおとぎ芝居といい、童話劇と呼ばれたものは、ほとんど興行本位であったり、形式はともかくも内容や演出が非教育的であったり、少年少女向きでなかったりした。

逍遙の主張したのは、「こどものための、こども自身のこども劇」であった。すなわち、幼稚園や小学校などで、こども自身をして演ぜしめつつあるようなものと同系統のものであったが、より純化し、より芸術化して、児童の心性を高め、将来の文化にも役立てようというのであった。その根本の信条は、「簡素《シンプリシティ》」と「純樸《ナイビティ》」と「無邪気《インノーセンス》」とであった。したがって、舞台装置も扮装《ふんそう》も動作も、写実を離れた暗示的・象徴的であることを基本とした。

家庭より学校へ

逍遙は、この児童劇をまず家庭的でありたい、家庭的なものから順次規模の大きなものに進むべきであるとした。家庭用児童劇なる語は、逍遙によって初めて使用されたもので、その理想とした家庭での児童劇は育たなかったが、少なくとも学校劇においては、ここに初めて児童劇なるものの確立を見たのであった。逍遙を今日のわが児童劇の生みの母といっても過言ではないだろう。

児童劇の公演

この年帝国劇場の顧問となった逍遙は、同劇場附属技芸学校(女優養成機関)の主事であった河竹繁俊や、文化事業研究会の講師であった作曲家弘田龍太郎の協力を得て、技芸学校生徒をして児童劇を実演させるという案を立てた。逍遙の主唱からすれば、女優生徒を使うことは矛盾するが、当時の状態としては、やはり何等かの示《し》範《はん》なり標本なりを世の人々にも見せねばならなかったし、児童たちにも観賞させて正しい劇趣味を与えることも必要だと考えたのであった。

この次善の策の公演は、十一月二十五－六の両日、有楽座で、東京朝日新聞社主催で行われた。番組は『田舎《いなか》の鼠と東京の鼠』『蠅《はえ》と蜘蛛《くも》』『わるい友達』『メレー婆《ばあ》さんとその飼犬《かいいぬ》ポチ』『神楽師《かぐらし》の息子銀吉』『すくなびこな』『をろち退治』の七種だった。出演者は山岸静江・飯島綾子《あやこ》・橘《たちばな》　実《みのる》・菊田寿美子・堀富貴子・堀内清子・中島初子・小村京子・若林菊子・桂木瑞枝《かつらぎみづえ》ら、主として技芸学校七期生であった。ともすればうまい芝居になりがちな演技者を熱心に指導して、その主旨を理解させて、あどけなく清新で、模範の名に恥じぬ舞台をと非常に苦心した。出演者もまたまじめに良くやったが、演者が児童でなく思春期の少女であるというギャップ・矛盾は、細心の注意をもってした逍遙の演出でも除くことはできなかった。しかし、この公演は世人からは歓迎され、その児童劇運動はいっそ

大正十二年（一九二三）文化事業研究会解散

演された。

う社会の目をひくことになった。好評だったので、翌十二月にも三日には昼夜二回有楽座で、更に二十六日から六日間は帝国劇場で、全く同じ番組・出演者で再演された。

文化事業研究会の国民演芸部門は、逍遙の熱情的な努力に支えられて、ともかくも会員の受講や実習を続けていたが、文芸教育部門は、これと均衡が取れないような不振ぶりに陥ってしまった。それに幹部間に協調を欠くようにもなった。

大正十二年春、逍遙の要求で文化事業研究会は解散した。一時はページェント運動だけを切り離して、継続しようとの案もあったが、会員の多くは学生であったので、一年ごとに移動を生じ、実際運動を進めるには有望でなく、結局断念のほかはなかった。なお、同じころ行われた芝増上寺や浅草の伝法院での戸外劇、また京都の知恩院での二代目市川左団次を中心とした松竹の宣伝劇が、いずれもページェントの名で呼ばれて評判になったが、それらが新国民演劇の本質からは

『家庭用児童劇第二集』『芸術ト家庭ト社会』『児童教育と演劇』公刊

児童劇第二回公演

関東大震災

遠いものの単なる迎合的流行であったことも、逍遙をしていや気を生じさせ熱意を失わせる今一つの原因となった。

それ以後の逍遙は、勢い児童劇運動を押し進めるために、作と論の執筆に実演指導に世間が驚くほどの活動を続けた。『家庭用児童劇第二集』『芸術ト家庭ト社会』『児童教育と演劇』が、この年四月までに出た単行本であった。

六月初旬には東京朝日新聞社主催で、三日間有楽座で、逍遙演出による第二回目の公演が行われた。番組は『鳥の裁判』『こだま』『メレー婆《ばあ》さんとその飼犬ポチ』『因幡《いなば》うさぎ』『大国ぬし』『すくなびこな』の六種。河竹が演出助手を勤め、技芸学校七期生が出演したことは前回同様だが、元文化事業研究会々員らも参加助演した。好評だったので、下旬に二日間再演した。

逍遙は九月一日、大隈会館で、秋の演劇展覧会のことにつき、高田・市島らと会合、正に食卓に着こうとした時、大震に会ったのである。早大では、応用化学教室が失火、大講堂は一部が崩壊した。幸い余丁町の逍遙宅は災害を免れたが、感受性の鋭い逍遙は、人一倍の大きなショックを受けた。

大きなゐゆり大き火もえて幾代々の人の力の跡かたもなき
こころはたありし浄躶《じょうら》に帰るべき時は来にけり借着《かりぎ》をしぬがむ

蔵書を早大図書館に寄贈

この逍遙の歌には、当時の偽らぬ感概がよく表われている。逍遙は全焼に会った人々を親しく見舞いに歩き回った。また蔵書いっさいを早大図書館に寄贈することを決意して、ただちに実行した。日常生活も更新した。家具の類も、罹災者《りさいしゃ》に見舞金と共にそれぞれ贈って、自身は非常な簡易生活に甘んじた。

復興期の芸術教育振興のために

一方前年来提唱して来た新児童劇を関西地方に紹介し、また災害後の復興期の芸術教育振興にも役立てようと考えた。朝日新聞社もこの挙に賛成して、逍遙の単独講演会と児童劇公演とが計画された。

児童劇の関西公演

逍遙は十一月三十日の大阪を最初に、京都・神戸・名古屋の各地において、計七回の講演を行った。いずれも児童劇論と震災の教訓を主題にしての約二時間の長講であった。児童劇の公演は、逍遙総監督のもとに河竹が古川利隆《としたか》・伊達豊《みのる》・大村弘毅《ひろよし》および七期生の女優らを率い、東京公演とほぼ同じ番組で昼夜二回ずつ四大都市を巡演した。会場は、大阪中の島公会堂・京都岡崎の公会堂・神戸キリスト教青年会館・名古屋第一高等女学校講堂であったが、どこも超満員の入りであった。

壮者を凌ぐ意気をもって、滞《とどこう》りなく予定の日程を終った逍遙は、十二月十日に一行と沼津で別れて熱海に向かった。

関西における児童劇公演は、「成功」の一言に尽きるが、これが一つの転機となって、児童自らのする自由画式演劇の奨励をもって始めた逍遙も、一部反対論者の主張していた鑑賞力をまず児童に与えるべきだとの説にむしろ共鳴するに至った観があった。

『学校用小脚本』公刊

大正十三年（一九二四）『家庭用児童劇第三集』公刊

坪内博士直接指導児童劇団

戸外劇『中山安兵衛』

『学校用小脚本』が年内に公刊されたが、児童劇としてはやや高度な小歌劇七編を収めたもので、鑑賞用に適する作品集だった。

大正十三年には、『家庭用児童劇第三集』が出た。児童劇の関西公演の反響は、更に他の都市からの来演希望の声を伝えて来た。逍遙には再び地方巡演の意志はなかったが、中国・九州諸新聞社の懇請に応じるため、訓練にも立ち合い、古川利隆を責任者として、「坪内博士直接指導児童劇団」を組織せしめた。この一行は、九月二十七日の福岡九州劇場を振出しに、長崎の南座・佐世保の弥生《やよい》座・別府の松濤館・大分の共楽館・宮崎の喜楽座・広島の寿座《ことぶきざ》・名古屋の御園座等を巡演して、十月十六日に帰京した。

同月三十一日には、大隈会館の庭園で、古川を中心とした劇術会が児童劇『獅《し》子《し》と藪蚊《やぶか》と蜘《くも》』、ページェント『事代主《ことしろぬし》の命《みこと》』を演じた、これは大隈老侯記念事業部主催の演劇会だったので、沢田正二郎も特に逍遙書き下しの戸外劇『中山安兵衛』を演じた。

このほか、関西では逍遥の指導したものではなかったが、大阪新町の雛妓《おしやく》連の『ドラゴン退治』と、宝塚少女歌劇団による『すくなびこな』『因幡《いなば》うさぎ』の公演などがあった。

学校演劇禁止令

新児童劇運動は、幼稚園や小学校関係者には特に大きな影響を与え、逍遥の作を競って児童らに演ぜしめたばかりでなく、一時は全国的に児童劇ブームを巻き起した。ところが、この九月、時の文部大臣岡田良平は学校演劇に対する禁止令を出した。これは特に逍遥の提唱を否定したものではなかったが、少なくとも水を差した形にはなった。それに前記大隈会館庭園における三種の劇がいずれも、けいこ不足や関係者たちの無理解から、その意に満たぬできであったことも、逍遥の児童劇運動を中絶せしめる理由となった。

児童劇の映画化

しかし、逍遥の児童劇の幾つかに作曲した弘田は、『学校用小脚本』を手にすると、歌劇ふうな作だけにいっそう意欲をそそられて、そのうちの三編に曲を付けた。これを知った十三世守田勘弥は『小野道風』に振付をした。そして逍遙に振見せまでして、自ら道風に扮《ふん》して上演するの希望さえ持ったのだが、とうとう果さずに終った。ところが、昭和五年になって、帝国教育映画株式会社が、逍遙の児童劇の映画化を希望して来た。逍遙も、映画という新形式の芸術に手を染めることに興味を覚えたので、その申し込みを応諾した。

映画に対する準備としての実演

映画出演は、早稲田児童劇研究会ということになると、映画化の準備として、『学校用小脚本』の舞台上演がまず企てられた。この舞台公演も初演だけに、逍遙は期待をかけたし、また種々世話を焼いた。振付は花柳珠実《たまみ》に依頼し、実演の監督は伊達が勤めた。

五月三―四の両日、大隈講堂で、報知新聞社後援で公演された。曲目は、『道灌《どうかん》と欠皿《かけざら》』『小野の道風』『文福茶釜』の三種。早稲田児童劇研究会員のほか帝劇七期生女優の飯島綾子《あやこ》が賛助出演した。両日とも満員で、好評を博した。

児童劇映画『道灌と欠皿』

映画化には、『道灌と欠皿』が選ばれた。太田道灌と山吹の花の伝説を題材とした三幕物の小歌劇であった。装置は、家庭用児童劇以来仮面の考案製作で良き協力者であった、漫画家の宍戸《しし ど》左行が暗示的なものを作った。製作者・監督には、仲木貞一・大内秀邦が当り、稲田《いなだ》登戸《のぼりと》の水口薇陽《びよう》のスタジオで撮影した。逍遙も指導に当った。

八月九日、熱海双柿舎で、この映画の試写が行われたが、逍遙の満足するものではなかった。

影絵映画『烏帽子折と猿の群れ』

このほかに、『烏帽子《えぼし》折《おり》と猿の群れ』が映画化された。一幕物の小歌劇で、烏帽子折と扇売と下職の青年とが、峠の山中で猿酒《さるざけ》を見つけ、これを飲み踊ったり歌ったりしているうちに寝てしまう。そこへ猿が幾ひきも出て来て、売物の烏帽子や檜扇《ひおうぎ》をおもちゃにして舞う。やがて三人は目をさまし追い回わす。とど握り飯を投げて見せ、やっと猿から品物を取り返すというすじである。影絵映画として製作された。シナリオは逍遙自身が作った（これは『芸術殿』創刊号に掲載された。）。原画は細木《さいき》原青起《ばらせいき》が描き、これに基き金井木一路が作画しまた操作した。作曲吉原規、振付珠実《たまみ》。大内が助手の役を勤めた。伴奏用のレコードには、逍遙自身でセリフを朗読した。映画では『商人と猿の群れ』と改題された。

児童劇映画発表会

　この二種の児童劇映画の発表会は、昭和七年十月二十四日、日比谷公会堂で、国劇向上会員五百余名のほか、劇壇・文壇・映画界の名士を招待し盛大に催された。さすがに、逍遙が指導したものだけに、新味もあり従来のものにまさるでき栄《ばえ》ではあったが、教育映画であったために、問題にならずに終った。けれども逍遙が単に自作の映画化を許可したというにとどまらず、映画製作に直接関係したことは特筆すべきで、測らずもこれにより劇芸術のあらゆる分野で活動した形になった。影絵映画に特に多くの興味をいだいた逍遙は、『役《えん》の行者《ぎょうじゃ》』を影絵映画シナリオ『神変大菩薩伝』

化すべく、『神変大菩薩伝《じんぺんだいぼさつでん》』なるシナリオに改作した。これには自画八十余個が添えられたが、この作の映画化の夢は、残念ながら実現されなかった。

脚本朗読のレコード

なお、右に述べた映画の発表会では、逍遙の吹込んだ『沓手鳥孤城落月《ほととぎすこじょうのらくげつ》』の脚本朗読七枚十四面も紹介試聴された。この盤と影絵映画のとはポリドール・レコードであるが、八年にはコロムビヤで、『ハムレット』『ヹニスの商人』の一節を録音した。これら四種のレコードは、逍遙の朗読法を伝える貴重な資料である。

社会教育面での影響

広い意味での社会教育者であった逍遙の提唱したページェントは「空《むな》しく主張だけに止《とど》まった形であった」が、欧米の公共劇理論や作品の移入でなく、日本演劇の向上と新国民芸能の誕生を期待して、新文化のために芸術の善用を説き、また具体作までも提供した者は、逍遙を措《お》いてかつてなかった。児童劇については、「幾十種の創作と数十回の実演とによって、世間に相応の反響を呼び、多少の印跡を残すことを得たように思う」と、自ら『逍遙選集』第九巻の緒言中で述べているが、その画期的な主張と運動とは一応完成されたと見てよい。

他の方面における活動と動静

この期間中の逍遙の他の方面における活動、その動静や周囲に起ったことのおもなものを書いておこう。

養女くに子嫁す

大正九年、養女くに子を飯塚友一郎に嫁せしめた。

『役の行者』の仏訳

フランス留学中の吉江喬松《たかまつ》によって『役の行者』が仏訳され、“l'Ermit”と題してフランス文学協会から出版された。

『長生新浦島』

大正十年、大阪の新町演舞場のために『長生新浦島』二幕四場を作った。『新曲浦島』の第二幕龍宮の場以下を圧縮し、実演に適応せしめたもので、白頭翁となって帰郷した浦島が、玉手箱を開くとかえって若返るというふうに改変された。曲は常磐津・清元・長唄が用いられ、振付は若柳吉三郎、舞台装置は筆谷等観だった。逍遙は十二月末、演出指導のため大阪におもむいた。翌十一年春の公演は好評だった。この作は、昭和十年三月東京宝塚劇場において東宝劇団により再演されたが、その舞台けいこ最中に作者の死が伝えられ、逍遙追悼記念公演となった。

『それからそれ』『十二夜』『わがページェント劇』公刊

大阪で講話

評論集『それからそれ』、沙翁傑作集第十八編『十二夜』『わがページェント劇』が公刊された。

大正十一年、三月末に新町の『長生新浦島』を見るために大阪へ行き、朝日新聞社楼上で講話をした。

九州地方への旅

また十月二十日に東京を出立、逍遙夫妻は大阪に四日滞在、それから長崎・島原・熊本・福岡・宇佐・別府・大分を巡遊、ここから船で大阪へ、更に名古屋に寄って十一月七日に帰京した。校友や新聞社にその行程が知られたため、諸所で講演を強要され、保養・観光の旅が、九州では休息の暇もないほどであった。

『大いに笑ふ淀君』『行者と女魔』

時代喜劇『大いに笑ふ淀君』一幕三場を、四月の『大観』に掲げた。能狂言ふうの味の作品である。

『役の行者』三幕六場を更に実演用に改修し、『行者と女魔』四幕五場として

『長生新浦島』『コリオレーナス』公刊 岐阜・鳥羽への旅

『新演芸』八月号に発表した。十年間に二度改作したわけである。

『長生新浦島』・沙翁傑作集第十九編『コリオレーナス』を公刊した。

大正十二年、八月には夫人同伴で岐阜へ行き、長良川の鵜飼と養老を見物し、鳥羽へ回って帰京した。

次兄義衛の死

大正十三年、七月二十三日に次兄の義衛がなくなった。少年時代から仲の良かった兄だったし、大正五年に軽い脳溢血《のういっけつ》で倒れてからは、逍遙は実によくその病床を見舞った。青山墓地に埋葬、墓標は逍遙が書いた。

甥大造の死

この兄を見送った日あたりから、早大図書館の和漢書主任であった、長兄の嗣子大造が急性脳膜炎を病み、手厚い看護のかいもなく、同じ月の二十八日に死去した。葬儀万端は逍遙がさしずした。

一週間のうちに兄と甥《おい》とを失った逍遙の胸中は察するに余りあるものがある。この大造は、早く両親を失ったので、その七歳の時から逍遙は手元に引き取り、東京専門学校を卒業せしめ、後セン夫人の姪《めい》はる子をめあわせ、何かにつけて、わが子のように思っていたのであった。逍遙の舞踊劇運動準備時代から踊りや能狂言を習い、文芸協会ごろには舞踊劇に名演技を示した。

　三十《みそ》あまり八年《やとせ》そだてしわれをおきてただ六日病みて逝《ゆ》きしなれはも
　さはにありし甥の中にもなれをこそ足《た》らはねどなほ子のごとく見し

大造の死を悲しんだ逍遙の歌である。

早大に特別出講

この秋からは、新たに早大文学部長に就任した五十嵐力の懇請で、春秋二季には週二時間ずつシェークスピヤと歌舞伎劇史を講じた。これは固辞する五十嵐を就任させた責任を感じ、極力後援する意味であった。

旅行は五月に、夫人同道名古屋を経て、高野山に登った。

大正十四年（一九二五）新曲『熱海の栄』

大正十四年、この春熱海まで鉄道が全通することになったので、時の町長岸衛《まもる》の依頼で、『熱海の栄』という新曲を書いた。その振付をさしずしようとした日、

肺炎を病む

二月二十八日に発病、肺炎で二週間ほど高熱があり重態を続けた。一時は六十七歳の老体なので案じられた。まだ四十度ぐらいな高熱があったころ、大阪から見舞に来た士行に、振付の打合わせをしたり、その踊りに使う手ぬぐいの図案が気に入らぬといって、自作の歌詞の一節を、仰臥《ぎょうが》のまま書いたり、その気丈《きじょう》さには、周囲の者を驚かせ、また気をもませたのであった。この病後から逍遙は俳句を作り始めた。

病後の動静

四月末全快。五月下旬に帰京した。

六月春陽堂主和田利彦《としひこ》の請いをいれ『逍遙選集』刊行を承諾、この年から準備にかかった。

七月から九月中旬までは熱海で過ごした。

病後なので、早大では九月下旬から毎週シェークスピヤ講座二時間だけ担当、『リチャード三世』を講じた。十一月には甲州身延に遊んだ。

一二　晩年

三絶披露

大正十四年春の肺炎は、逍遙がかつて経験したことのない、一時は命を懸念されたほどの大患だったが、この年の十二月、㈠創作の筆を絶つこと、㈡序文書き廃業のこと、㈢雑誌・新聞へ寄稿辞絶のこと、という三絶披露の文を書いた。そうして翌年一月の『新小説』誌上に掲げた。

この三絶は、病後の逍遙が余生をあげて、三大事業の完成を意図し、精進努力しようとする悲壮な決意の宣言であった。第一の創作の筆を断とうというのは、創作以上に成就させたい仕事を思い立ったからであった。第二・第三の求められての序文書きや雑文の執筆は、高名であり権威なるがゆえの迷惑な奉仕や負担だったので、それをこの際きっぱり拒否して、寸時を惜しみ最後の仕事に専心しようというのであった。

三つの事業予定

逍遙には常に理想があった。自分の使命とも思われる仕事はたくさんあった。が、今後三年間と予定して、多くの計画の中から選んだ三つの事業は、㈠『シェークスピヤ全集』邦訳の完成、㈡自選による著作集の刊行、㈢演劇博物館の創建であった。

『沙翁傑作集』は、大正十二年『シムベリン』を出版して、これで全二十巻となり、一応予定の訳業を終った。しかし、芸術欲の豊かな逍遙は、更にその全作品を翻訳し、シェークスピヤ研究手引書をも加えて、全四十巻にまとめあげようと企図したのであった。

大正十五年（一九二六）

大正十五年は、早大における春秋のシェークスピヤ講座だけは、毎週二時間前年どおり継続した。テキストには『から騒ぎ《マッチ・アヅー・アバウト・ナッシング》』を用い、沙翁研究手引についても講話した。

『恋の骨折ぞん』『リチャード二世』『ウィンザアの陽気な女房』『まちがひつづき』『タイタス・アンドロニカス』『アゼンスのタイモン』『ヱローナの二紳士』公刊
選集発行決意

翻訳は猛烈な勢いで進められた。『恋の骨折ぞん』『リチャード二世』『ウィンザアの陽気な女房』『まちがひつづき』『タイタス・アンドロニカス』『アゼンスのタイモン』『ヱローナの二紳士』の順で、一年に七冊も公刊された。

世界大戦後の好況時代に始まった、何々全集という主として予約による大出版は、関東大震災後までも継承されており、逍遙に対しても、その発行要望はしばしばあった。けれども逍遙は、それを拒絶し続けていた。ところが、「著者が出さずに死ねば、死後に早晩出版されることになる。他人の手でまちがいの多いものを出されるよりは、著者自身で監修した方がよいではないか」と、人々にいわれてみると、それももっともである。それに今一つ、これによって宿志の演劇博物館建設の資金がいくらかは得られるだろうとも考えて、ここに特に選集としての出版を、比較的縁故の深かった春陽堂に許したのだった。

意を決した逍遙は、自著の鑑別取捨を行い、全十二巻と定め、編修整備した。

『逍遙選集』

四月、『逍遙選集』発行のことが、世に発表された。編集委員は、顧問格の金子・五十嵐・本間・河竹、それに編集校正の実務に当る大村・伊達の六人であった。表紙の双羊図は平福百穂《ひらふくひゃくすい》、見返しの双柿《そうし》図は結城《ゆうき》素明《そめい》が描き、題簽《だいせん》は会津八《や》一《いち》が書いた。菊判・布装・天金の高雅な豪華本だった。内容によって次ぎのように分類編集されていた。

第一巻　創作脚本
第二巻　創作脚本
第三巻　舞踊劇台本・舞踊劇論
第四巻　沙翁劇翻訳脚本
第五巻　沙翁劇翻訳脚本・沙翁翻訳論
第六巻　倫理教育論
第七巻　芝居錦絵論・史劇論
第八巻　雑稿・近松論

第九巻　ページェントと児童劇
第十巻　演劇論集
第十一巻　文学文章論・その他
第十二巻　文芸協会・追憶・故人録

第一回の配本は七月に始められ、引き続き毎月一巻ずつ極めて正確に刊行されて行った。定本たらしめるために、毎巻およそ八百五十ページのものに修正を加え、表現上の統一を測るという編集上の逍遙の労は、一方シェークスピヤの翻訳を急ぎつつ行うのであるから、並たいていのものではなかった。それは、大病後とは思えぬほどの、超人的な努力であった。

早大文科校友有志の記念の企て

この逍遙の精進と、三絶に伴い明らかにされたその宿願を知った早大文科校友有志約五十名は、十一月十四日、熱海に逍遙を訪問、双柿舎にほど近い水口園に会し、協議を行った。その結果、演劇博物館を、やがて迎える逍遙の古稀《こき》の賀とシェークスピヤ全集完訳とを記念して、実現させようという議が大きな希望と感激のうちに決せられた。

生来人に物を頼むことをきらい、ことに迷惑や負担をかけることを好まなかった逍遙は、還暦に達した時も、校友有志の間に祝賀の企てがあるといううわさを聞くと、それを固く謝辞してしまったぐらいだった。しかし、今度の期成決議は、自分を記念しての事業とはいっても建設の上は社会の公益機関となる性質のものなので、これを喜んで受けた。

なおこの年三月、築地小劇場で、小山内薫演出により『役の行者』が初演された。作者は観劇して、行者に力の表現不足を感じたが、一般には非常な好評で、十日間も日延べをした。

昭和二年(一九二七)記念公開講義

昭和二年、早稲田では、『ジョン王』と『リヤ王』を講じた。そして今期をもって打切ることになった。そこで十一月十七日と二十四日の終りの二回は、特に

『から騒ぎ』『トロイラスとクレシダ』『ヘンリー五世』『末よければ総よし』『ジョン王』『ペリクリーズ』『詩篇其一』公刊

小照　昭和2年
(早大における最終講義の日撮影)

大隈講堂で、記念の公開講義とした。両回とも聴講者は千六—七百名にも達した。

最終回の日、講義を済ますと、逍遙は教壇を遠ざかっても沙翁全集の完訳だけは期するつもりであることを力強く語り、シェークスピヤ最後の作といわれている『テムペスト』のプロスペロが述べる閉場詞を引いて引退の辞とした。文学部長五十嵐と学生代表井部正とが逍遙の前にこもごも心からなる謝辞を述べた。大講堂を揺るがすような全員の拍手のうちに、明治十六年に東京専門学校時代の教壇に立ってから、永く続けて来た思い出深い講義生活を終ったのであった。

シェークスピヤの翻訳は、『から騒ぎ』『トロイラスとクレシダ』『ヘンリー五世』『末よければ総《すべて》よし』『ジョン王』『ペリクリーズ』『詩篇其一《しへんその》』と、この年もやはり七冊を公刊した。このうち十四行詩《ソネット》の訳には苦しんだと人にも漏らし、日記にも書いていた。

『逍遙選集』別冊三巻を追加

『逍遙選集』の配本も順調に回を重ねていた。が、刊行の進むにしたがって、読者や書店側の希望もあり、編集委員の意見もあって、更に別冊三巻を追加することになった。逍遙はその初期のころの作物をば、自ら「旧悪全書だから」といって省いてしまったのだが、『小説神髄』や『書生気質』や『該撒奇談《シーザル》』などのような、文化史的意義の深い著訳を取り除くことは、全集に代るものとして意味をなさないからと懇願したので、逍遙もやっと承諾し、初期の創作小説と翻訳、それに小説神髄・没理想論その他が収載された。

印税は演劇博物館の建設資金へ

この別冊を含めて全十五巻は、十二月に滞りなく完結した。その印税全額は、逍遙によって演劇博物館の建設資金に繰り入れられた。これは建設実現への力強い礎石となった。

演劇博物館設立事業会

六月には、演劇博物館設立事業会が、文壇・劇壇ばかりでなく広く政界・財界の逍遥を知る名士多数の賛成発起によって組織され、渋沢栄一が発起人代表となり、趣意と計画の一般が発表された。同時に実行委員会も設けられて、活発な募金運動が行われた。

関西旅行

七月には、士行が宝塚で演じつつあった『ハムレット』を見物かたがた、新たに設計する書屋の参考に、京都の銀閣寺や宇治の平等院などを見て歩いた。夫人も同行し、大村が随伴した。

昭和三年（一九二八）逍遥書屋落成

昭和三年、シェークスピヤの翻訳に全力をかけた逍遥は、年の大半を熱海に過ごした。五月には、独特の設計になる和漢洋の長を取った塔型の逍遥書屋が双柿舎内に落成した。

『ヘンリー八世』『ヘン

二月から八月までに『ヘンリー八世』『ヘンリー六世』第一部・第二部・第三

リー六世』第一・二・三部』『詩篇其二』『シェークスピヤ研究の栞』公刊
独力でシェークスピヤ全集を完訳

演劇博物館落成

部『詩《し》篇《へん》其二《その》』の五冊が公刊され、『シェークスピヤ研究栞《しおり》』も十二月初旬には刊行された。この巻で全四十巻が完成した。

シェークスピヤの作は世界各国に翻訳されている。しかし、独力でシェークスピヤの全集を完訳したことは、世界中にその例がないといわれる。しかも最後の三か年間には二十巻の訳と著をばなし終えたのである。原稿浄写にすら、ひとりの助手も使わなかった。第一の訳稿ができると、これを訂正する。そうして自分で浄書しながら、気付いたところは加筆訂正する。この第二訳稿ができると、実演台本としての適否を試すために、特に小声で音読しながら改めて朱筆をもって直す。こうして定稿となる。校正もまた人に委せず、ひとりでやった。校正中にも字句の修正をするのだから、五校・六校に及ぶのだった。逍遙は次の仕事を進めながら、それをことごとく、ただひとりでやりとげていたのだ。

演劇博物館建設資金募集運動も実行委員たちの熱心な協力によって着々と成果

坪内博士記念演劇博物館
（東京都新宿区，早大構内）

を収め、年頭には申込総額も予定額に達したので、二月二日に起工式を、七月九日に上棟式を行った。そして、全く当初の予定どおりに、十月下旬には落成した。

場所は早稲田大学構内の西北隅。構造は鉄筋コンクリート。エリザベス朝時代のフォーチュン座を模した、高い塔屋を持つ雅趣ある建築で、地階とも四層、総坪数は約四百五十坪であった。早大営繕課の桐山均一・江口義雄が設計・工事監督をし、今井兼次が細部の図案に協力した。

開館式での名演説

十月二十七日に晴れの開館式が、寄付者・学園幹部・劇文壇関係者ら約一千名の参列を得て、盛大に催された。実行委員長市島の経過報告、高田早大総長の式辞、次いで英国大使サー・ジョン・ティリーをはじめ、上田万年《かずとし》・中村歌右衛門（福助代読）・文科校友代表長谷川誠也らが祝辞を述べ、最後に逍遙が限りない喜びの心をもって謝辞を述べた。それは後に中等学校の教科書にも一再ならず採用されたほどで、演劇の社会的使命を語り、演劇博物館の職能を示唆《しさ》した名演説であった。式後、深い感銘を受けた『演芸画報』記者の安部豊が、その謝辞の速記を雑誌に掲げることの許しを求めた。すると逍遙は内ポケットから原稿を取り出して、「では、これをお出しください。このとおりしゃべったのですから」といって渡した。壇上では原稿を繰り広げなかったが、こうして用意はしてあったのである。逍遙の演説や講演は、草稿を見ながらするということはなかったが、晩年になってからはだいたいの原稿を認めて懐中するのが常だった。

建物そのものが演劇資料であるこの演劇博物館は、内外古今にわたる演劇研究

料である研究機関

機関ないし実物教育機関として、早稲田学園内ではあるが、広く一般に公開された。開館当初の陳列は、『仮名手本忠臣蔵』に関する芝居錦絵・文楽座の人形・衣裳・鬘《かつら》・番付・舞台模型の類が豊富に並べられた。

初代館長には金子が就任したが、病気で静養を要したので、開館事務に引続き整備充実の実務は河竹副館長がすべて行った。

昭和四年(一九二九)

昭和四年、珍らしく新年を東京で迎え、六日に熱海に移り、その後は大方同地にあった。

舞踊劇『良寛と子守』公刊

前年古稀を迎えて、三つの宿志を果した逍遙は、久しぶりに創作の筆を楽しむことができた。四月の『中央公論』に『良寛と子守』一幕を発表した。舞踊として良寛を扱った最初のものであり、脱俗と人情味との融合した傑作だった。ただちに十三世守田勘弥が帝国劇場で演じ、異常の好評を博した。常磐津の作曲は、七世文字兵衛と松尾太夫。振付は藤間勘十郎。六月には単行本にもなった。

喜劇『近世畸人伝』

十月の『中央公論』には、柳沢淇園《きえん》と画家池の大雅の生活ぶりを描いた喜劇『近世畸人《きじん》伝』四幕八場を発表した。このほか織田信長を題材にまとめたいと考え、十月末には上諏訪から名古屋へ旅行し、小牧山の古戦場を見たりしたが、この作は生れなかった。

演劇博物館後援会

演劇博物館は、早稲田大学が管理し発展させて行くことにはなったが、いっそう内容を充実させるには、後援資金を必要とするので、一月に演劇博物館後援会が組織された。会長には市島が、理事長には長谷川がなった。賛助会員は間もなく四百名ほどを得た。

脚本朗読会を三都で開く

後援会の懇請をいれて、逍遙は絶対無報酬での独演会ならばとの条件付きで、脚本朗読の公開を承諾した。この脚本朗読会は、東京と大阪・名古屋で行われた。

四月二十七日　東京早稲田大隈講堂で。

五月八日　大阪朝日会館で。

五月十二日　名古屋県会議事堂で。

朗読した脚本は、『桐一葉』の長良堤《ながらづつみ》の場、『ヱニスの商人』法廷の場、『役の行者』大詰の場の三種であった。三会場とも定員以上の大盛況であった。大阪行きには夫人も同行、河竹が随行し、大阪と名古屋の間で紀州和歌の浦に一泊静養した。

『役行者』宝塚国民座所演。（行者は古川利隆）

『役の行者』の演出指導

第二回の催し物は、五月三・四・五の三日間、大隈講堂で、宝塚国民座初東上の『ハムレット』と『役の行者』の公演であった。前者は、劇団主事坪内士行の演出・主演が興味を呼んだ。『役の行者』は前年宝塚での初演の時もわざわざ逍遥は西下し

『良寛と子守』も指導

機関誌『演劇博物館』

て指導したが、今回は更に自ら演出するの熱意をもって指導した。行者は古川利隆、広足《ひろたり》は森英治郎、一言主《ひとことぬし》は神田三朗であった。逍遙自身「特にその二日目のでき栄《ばえ》は、おおよそ自分の考えているものに近いものだった」と賞したほどで、新演劇としてまれに見る完成された演出と絶賛された。

十月下旬の後援会の催し物は、十三世守田勘弥の文芸座と水谷八重子の芸術座との合同出演であったが、『良寛と子守』を再演して好評だった。逍遙はけいこに立合い熱心に指導した。他に『大尉の娘』と池田大伍新訳の『ファウスト』が演ぜられた。

また後援会の機関誌『演劇博物館』第三号から、逍遙は随筆『柿《かき》の蔕《へた》』を連載して誌上を飾った。

この年早大校友会から逍遙へ、古稀《こき》祝賀記念品料が贈られたが、ただちにこれも後援会へ寄付した。

両親の五十年忌法要『堕天女』上演さる

十一月には郷里名古屋へ行き両親の五十年忌法要を営んだ。

十二月には歌劇『堕天女《だてんにょ》』が歌舞伎座で、山田耕筰《こうさく》の作曲・演出で上演された。最高のメンバーをそろえた豪華な公演であったが、逍遙は演出いっさいに関与しなかった。

昭和五年（一九三〇）朝日賞受賞

昭和五年一月、第一回の朝日賞が逍遙に授与されたが、これまた副賞の賞金はそのまま後援会へ寄付した。こうした逍遙の好意が重なり、また後援会の二年間の業績を顧る時、特殊な後援機関の必要性は、関係者間にいっそう強く認識された。自身ら夫妻の没後は絶家を予定していた逍遙は、全財産を国劇向上のための演劇博物館整備のためにささげる旨をこのころ周囲の者に明らかにした。そこで協議の結果、後援会は発展的解散をして、九月に財団法人国劇向上会が設立された。

財団法人国劇向上会の設立

その基本財産として登記されたのは、逍遙夫妻から寄付の双柿舎《そうししゃ》の土地・建物・蔵書・家具いっさい、それに有価証券類をも合わせたものに、後援会の所有舞踊劇『変化雛』

金若干を加えたものであった。

舞踊劇『変化雛《へんげびな》』三場と『鶴《つる》の栄《さかえ》』を創作発表した。この『変化雛』は、一対の紙びなが金びょうぶの内から抜け出し、装束をぬぐとモボ・モガ（モダン・ボーイ、モダン・ガールの略で当時の流行語）になり、ジャズに合わせて踊るといった当代世相の一面を戯画化したような作であった。初演は翌六年だった。作曲は七世常磐津文字兵衛と三世杵《きね》屋《や》栄蔵。振付は花柳寿輔《じゅすけ》。男雛は市川寿美蔵（寿海）、女雛は市村家橘《かきつ》（16世羽左衛門）

戯画『変化雛』　柿叟戯画

もたれつ
よりつ
うなつきあい
そつと屏風の
八重かきを

新曲『鶴の栄』

であった。『鶴の栄』は、鶴の夫婦愛、親子の愛を描き、家運の繁栄を祝したためでたい新曲であった。栄蔵が作曲、この年十月、逍遙の作品ばかり歌舞伎座で公演した際、披露された。

映画と音盤

小歌劇三種の実演指導をしたほか、先に書いたように、児童映画やレコード吹込みなど、逍遙としては初めての経験をした。シナリオを書いたり、撮影指導をするためには、あらかじめ教育映画を見たり、内外の映画理論を調べたりもした。しかも模倣に終らぬよう、独創の考案をしたことは、七十を越しながらも永遠の青年を思わせるものがあった。

大阪で講演

五月には、大阪朝日講堂で「わが古歌舞伎に似たスペインの古劇の話」を講演した。

伊豆の大地震 昭和六年(一九三一)

十二月二十六日、伊豆地方に大地震があり、双柿舎もかなり被害があった。

昭和六年、早稲田大学の維持員を辞した。その慰労として贈付された金は、一部を国劇向上会へ寄付し、他はことごとく演劇博物館のために用いられたいとの注文を付けて早大に返贈した。

早大維持員を辞す

いくつかの逍遙像を作った長谷川栄作や、校友石川宰三郎のあっせんで大正末年来何度か双柿舎を尋ねて雅遊を楽しんだ間がらの、伊東深水・中村岳陵・西沢笛畝ら離騒社《りそうしゃ》の美術家たちは、演劇博物館援助のためにと各自その作品を寄贈したが、逍遙はその志を深く謝して受けた。

離騒社の作品寄贈を受く

文芸雑誌『芸術殿』の発行随筆『柿の蔕』を書き続く

五月に国劇向上会から事業の一つとして、月刊の文芸雑誌『芸術殿』が発行されるようになると、逍遙はこれに随筆『柿《かき》の蔕《へた》』の続稿を掲げた。文壇回顧の話、故人の思い出、当今劇壇への言説、シェークスピヤのこと、国語問題等、題材も多方面に軽妙で深味のある読み物を、稿料なしで毎号二十ページ近くも執筆した。どんなに忙しい仕事があっても、気分のすぐれないような時でも、締めきり日前には必ず原稿を届けた。編集者の労をいたわって、後にはストックのできるよう

『神変大菩薩伝』

『近世畸人伝その他』『歌舞伎画証史話』公刊

昭和七年(一九三二)『阿難の累ひ』『鬼子母解脱』

にまで配慮し、埋め草のいわゆる囲み記事のような原稿までも書いた。『役の行者』の改作『神変大菩薩伝』は、映画ストーリーである。新時代の絵巻物として自画を配し、十巻にまとめた。

単行本として『近世畸人伝《きじんでん》その他』と『歌舞伎画証史話』が公刊された。後者は、一種の劇画による歌舞伎発達史であった。

昭和七年、仏典劇『阿難《あなん》の累《わずら》ひ』と『鬼子母《きしも》解脱《げだつ》』を、『中央公論』五月号・六月号に発表した。前者はチョボ(義太夫節)を現代化して用いたところに特色があった。両作とも、作者は衰残の歌舞伎救助の応急手当、いわばカンフル注射の意味で書いたのであった。後者は六代目尾上《おのえ》梅幸・六代目尾上菊五郎によって、五月の歌舞伎座で上演された。また十月の新橋演舞場では、歌劇として上演された。

前に述べたように、逍遥の児童映画二種と吹込みのレコードの発表会の開かれたのも、この年十月のことであった。

昭和八年（一九三三）

『新修シェークスピヤ全集』

昭和八年、逍遙は七十五歳だった。が、その芸術欲においては、トルストイが自作を改版毎に修訂したというのにも、劣るものではなかった。『シェークスピヤ全集』を完訳したのは、古稀《こき》の年であったが、第一巻の『ハムレット』を出版した明治四十二年からすると、満二十年間を要したわけである。それだけに逍遙自身の翻訳態度にも変化があったし、時勢の移り変りもあった。また最近年のものにしてもなおいっそうの磨きをかけたいし、全体としての統一もつけたくなっていた。

そこへ出版希望が中央公論社からあって、五月に『新修シェークスピヤ全集』刊行の契約が成立した。逍遙はすぐ仕事にかかった。まず旧訳の誤訳調べを行い、次いで表現上の修正に及んだ。誤訳調べでは、それまでに気づいていたもの、註釈本に当って誤脱を捜すほか、市川三喜・斎藤勇の両東大教授が講読の際原作と対照して、その心付きを記入した旧版本を借覧して参照した。他は書状で一－二回岡倉由三郎に、また植物名について牧野富太郎に、示教を求めたくらいだった。

壮挙に対して学界・劇壇の祝福

九月に『ハムレット』と『以尺報尺』を第一回配本として、以後毎月二冊ずつ刊行の予定で順調に進んだ。日本シェークスピヤ協会は、この壮挙を祝福して、逍遙に沙翁の彫像を贈呈した。劇壇でも秋になると、二世左団次一座や築地小劇場や森・加藤らの新春座などが、続々逍遙訳のシェークスピヤ劇を公演して、再度の翻訳という難事業の門出《かどで》を祝した。

シェークスピヤ劇朗読会

国劇向上会は十月五日夜朝日講堂に、逍遙のシェークスピヤ劇朗読を公開した。『シーザー』『ハムレット』『ヹニスの商人』の三種の一部分ずつであったが、『シーザー』と『ハムレット』は全国へ中継放送された。放送ぎらいな逍遙は、講演にすら一回もマイクの前には立たなかっただけに、この朗読の中継は全国の聴取者にその妙技至芸を伝え、すこぶる好評であった。出版成績は上乗であった。十二月一日には、成功祝賀会が帝国ホテルで開かれたが、元気な逍遙はこの席上まことにユーモアあふれるあいさつをした。

昭和九年（一九三四）毎月二冊ずつ発行の負担

昭和九年、修訂といっても古いころのものは全く現代語調に改めるのであるから新訳に準ずる労苦であり、しかも連月二冊ずつの発行に伴う細字総ルビの校正は、これまたなかなかの負担であった。

離れを新築

二月ごろ離家《はなれ》の新築を思い立つと、設計はもとより工事場のさしずも自らした。これは六月初旬にできあがった。それで歯の治療のため十日ばかり上京して、二十日熱海へ帰ったその夜、にわかに発病、数日後には十年前と同様、肺炎と診断された。一時は医師も夫人も絶望を覚悟したほどであったが、七月中旬からようやく熱も減じ、その下旬には庭内の散歩もできるようになった。『新修シェークスピヤ全集』の未完なのが心にかかり、逍遙自身その完了まではと病魔に打ち勝とうと努めたのであった。校正は服部《はっとり》嘉香が援けた。

また肺炎を病む

新しい計画

九月に入ると、ぼつぼつ校正をしたり、『芸術殿』への短文を書いたりした。次いで『テムペスト』ほか五冊の手入れを終った。仕事に追われて静養するわけ

新修版シェークスピヤ原稿
（『オセロー』修訂の第一稿）

にも行かず、微熱が持続し、少し仕事を続けると疲れはしたが、逍遥はなお二冊の修訂を十月半ばまでに終った。残すのは『オセロー』と『研究栞《しおり》』だけになった。しかし、逍遥はこれを完成したら、『論語』の現代語訳と自画を配した『竹取の翁の最期《さいご》』という物語を書こうと、新たな計画を立てて資料を集め、準備を始めていた。好きな温泉浴を控える日もあり、絶えず夫人の指圧や手のひら療法を受ける状態で、肉体的な衰えは目立つものがあったが、その精神力と芸術欲は生ける限りはという張りをなお示していた。

最後の芝居見物

十月十七日、一家をあげて上京した。滞京中逍遙は指導医草野宏次郎の来診を受けた。草野は卒直に肺浸潤であることを告げ、安静を要するといった。二十日には歌舞伎座で、六世尾上梅幸の『お夏狂乱』を見た。これが最後の芝居見物であった。

『オセロー』の改訳

十月三十一日に熱海へ帰った。だが、休養するどころか、各種の『論語』の現代語訳や英訳本に目を通し、『芸術殿』一月号のために『「論語」の現代化』なる一文をまとめた。『研究栞《しおり》』の手入れを終ると、『オセロー』の改訳にかかった。これは修正ではなく、全く改訳の意気組みでかかり、十二月二十二日には第一稿が成った。しかし、更に直しながらする浄書は年内には終らなかった。

昭和十年（一九三五）

昭和十年一月十六日、とにかく赤インク・朱筆で、まっかになった『オセロー』第二稿が中央公論社員の手に渡された。現在演劇博物館に保存されている、

血をもって書かれたような訳稿

この『オセロー』の実に血をもって書かれたような第一稿・第二稿を見ると、毎日六時間続けたという、その身を削り心を砕くような逍遙最後の精進ぶりが、しみじみと思われて、悲壮感と敬仰の心の入り交った異常な気持にさせられる。

墨仙に描かれる

十七日には島田墨仙の訪問を受けた。これは喜寿賀会同人が逍遙の画像を贈る予定であったので、その委嘱で逍遙に面接を求めたのであった。逍遙は温顔をもってこれを迎えた。ずっと不眠が続き、睡眠薬も連用、顔にはいくらかむくみがあった。夫人も三日ばかり前からかぜ気味であったのを、いたわりながら写真撮影(口絵参照)に応じたりもした。

病床に就く

夫人を離家《はなれ》で養生させた逍遙は、自身もその後高熱に襲われたので、二十五日からは同じ離家の二階の書斎を病床とした。岩田医師がさっそく来訪、急性気管支炎と診断した。看護その他にも不便なので、三十一日無風快晴だったので、主治医の許しを得て母屋《おもや》に逍遙を移した。

日記は一月二十七日まで記載

逍遙の日記は、二十七日までで空白となった。二月になっても軽快にはならず、睡眠薬による疲れも現れて、食欲もなかった。夫人は回復を装って看護に当り、逍遙もまたその無理のたたることを心から案じた。看護の手は十分であった。急性の病状は減退したが、一般の経過は思わしくなかった。

死後のこと

二月八日の夜、逍遙は執事の生田《いくた》七朗に葬儀のことなどを申し渡した。他のことは大正五年以来遺言書に認め、時おりに改訂してあったので、夫人の健康以外には気がかりなことはなかった。

重態中指示

ただ心にかかるのは、『新修シェークスピヤ全集』の最終回分、『オセロー』『研究栞《しおり》』の修正整理・校正の件だった。十日に、日高只一・河竹・服部を呼んでそれぞれにさしずし、依頼した。七十七歳の老体の重態中に発せられた指示としては、実に驚くほど明確なものだった。だが、その反動はその夜から現れた。発熱四十度二分、脈はく百二十、呼吸四十という状態になった。酸素吸入も始められ

病状悪化

た。山田清作や飯塚家に嫁《か》したくに子も看護にかけつけた。

二十日には足背に浮腫《むくみ》が見られるに至った。しかし、逍遙の希望で注射その他の積極的処置は取られなかった。

二十六日には、冷雨中を五十年来の親友高田・市島が東京から見舞に来たが、病室には入らず、夫人に懇ろなことばを述べたまま引き取った。

大往生

二十七日、昏睡状態を続けた。

二十八日、午前十時三十分、真に眠るようにこの世を去った。

密葬

戒名は、「双柿院始終逍遙居士」と決まった。三月二日、熱海において近親者による密葬が行われ、火葬に付された。

早稲田大学学園葬

逍遙の東京における葬儀は、三月四日午後早稲田大学々園葬として、青山斎場で行われた。参列者は三千に達し、田中早大総長・松田文部大臣・英国大使その他多数の弔辞が供された。

衆議院弔辞を贈る

逍遙の死は新聞に大きく取扱われ、社説その他において哀悼の辞が述べられ、追憶・文勲が掲げられた。続いて「勲一等拝辞」の旨が報ぜられて、生前逍遙が数度にわたり国家よりする栄誉を辞退し続けた奥ゆかしさが再び思い出された。

衆議院はまた二日午後、院議によって弔辞を贈ることを決定した。学芸壇の人としては、逍遙以前にはわずかに福沢諭吉があるばかりであるという。これは国民全体の弔意表示ということになるので、破格の光栄だといってよい。

墓所

墓地は、双柿舎に極めて近い海蔵寺境内に決した。普通では、墓地を寺内に置くことは許されないのだが、静岡県庁も本山妙心寺宗務局も、逍遙夫妻の遺骨に限り特許することになった。墓所の修築は熱海町が営んだ。墓碑には伊豫石が選ばれ、市島謙吉が「逍遙坪内雄蔵夫妻之墓」と書した。

セン夫人の長逝

なお逍遙没後、ひたすらその冥福《めいふく》を祈り、墓所を守りながら、熱海の双柿舎に平安な余生を送っていたセン夫人は、昭和二十四年(一九四九)二月二十一日八十五歳の高齢をもって、長き眠りについた。その告別式は、逍遙の命日たる二月二十八日に営まれ、同日海蔵寺内の塋域《えいいき》に埋骨された。

そして、「双柿院連理仙古大姉」とおくり名された。

略年譜

年次		年齢	事項
安政　六	一八五九	一	五月二二日、美濃国加茂郡太田村尾張藩代官所役宅に生る。幼名勇蔵。（後年、雄蔵と改む。）
文久　三	一八六三	五	一一月、疱瘡を病む○同月、坪内家に寄寓中の母方の祖母妙里逝去○一二月二八日、袴着
明治　二	一八六九	一一	父平之進致仕帰農し、一家名古屋郊外上笹島村に移住○七月、柳沢孝之助の寺子屋に入門○一〇月八日、従姉に伴われ初めて大曾根芝居を見る
明治　三	一八七〇	一二	四月、喜田華堂に入門、四条流の絵を学ぶ○夏ごろから約一年半生花と茶を習う
明治　四	一八七一	一三	二月、長兄信益帰省、逍遥の将来につき意見を述ぶ。○このころから盛んに大惣に通う○父ともどもチョン髷を切る
明治　五	一八七二	一四	書を青山暘成に、漢学を増田白水に学ぶ○八月、名古屋県英語学校本科へ入学。自然書道と漢学を廃す
明治　六	一八七三	一五	県英語学校一旦廃止され、まもなく復活の県立成美学校に再入学
明治　七	一八七四	一六	八月、官立愛知英語学校に入学。秋から同校寄宿舎に入る

明治　九	一八七六	一八	七月、官立愛知英語学校を卒業○八月、県の選抜生となって上京、長兄信益宅に寄寓○九月、受験して開成学校普通科に入学○一一月、脚気を病み約二週間医学部に入院○退院後寄宿舎に入る
明治一〇	一八七七	一九	四月、学制改められ、開成学校東京大学となる○七月、帰省。八月、上京○九月大学予備門の最上級に編入さる○寄宿舎の同室者と回覧雑誌を作る○高田早苗と親しみ、晩成会を組織
明治一一	一八七八	二〇	七月、予備門を修了○九月、本科（文学部政治学科）に進む○一〇月、長兄の妻死し、長兄また中風症にかかる。看護のため、しばらく長兄宅から通学
明治一二	一八七九	二一	七月、帰省。八月、帰京○一二月、病兄に付添い熱海におもむく
明治一三	一八八〇	二二	一月、熱海に滞在。この間スコットの『ラムマムーアの新婦』の一部を意訳◎四月、橘顕三名義で『春風情話』と題して公刊○一一月、母ミチ逝去
明治一四	一八八一	二三	六月、第三学年試験に不合格、給費生資格を失う○八月、帰省。父其楽の古稀の賀宴に侍してのち帰京○九月、寄宿舎を出て、神田に下宿。私塾を開いたほか、私立の予備校進文学舎でも英語を教う
明治一五	一八八二	二四	一月二六日、父其楽逝去○二月、帰省。両兄に父の遺産配分の件を固辞し、自立を誓う○五月から山崎覚次郎を下宿に寄宿さす○後に借宅、寄宿生を監督、その数を増すにつれ、神田・本郷・小石川と転居○九月以降『東京絵入新聞』『内外政党事情』等に政治的戯文を掲載

明治一六	一八八三	二五	三月、胃腸を害し苦しむ。以来持病となる○七月、東京大学文学部政治経済科卒業○九月、東京専門学校講師となる。主として外国歴史・憲法論の訳解を担当○二月以後私塾は閉ず
明治一七	一八八四	二六	一月、『春窓綺話』(服部撫松名義)公刊◎五月、『自由太刀余波鋭鋒』公刊○六月、本郷真砂町に永富謙八の出資で寄宿舎向きの家屋を新築。預り学生十余名を監督○脳充血を病む
明治一八	一八八五	二七	新たに小石川同人社にも出講、英語を教う◎六月から『書生気質』を、九月から『小説神髄』を、共に冊子形式で公刊◎一二月、『英文小学読本』公刊
明治一九	一八八六	二八	一月から『妹と背かがみ』を、四月から『内地雑居未来之夢』を、冊子形式で公刊○春ごろから成立学舎にも出講○同人社は辞す○五月、長兄信益名古屋で長逝◎六月、『京わらんべ』を公刊○九月、名古屋へ。墓参り、同地で処女演説を行う○一〇月、鵜飼常親養女センをめとる◎同月、『朗蘭夫人伝』公刊○一二月、妻を伴い熱海におもむき、一月一日まで滞在
明治二〇	一八八七	二九	一月、読売新聞社客員となる○三月から『絵入朝野新聞』に家庭小説『ここやかしこ』を連載、約五〇回で中絶○六月、預り学生の監督を辞し、同時に永富の認諾を得て真砂町の家屋を処分、同町内の借宅に移る○進文学舎および成立学舎の教師を辞す○夏期休暇に京阪を旅行。長兄の遺子大造を名古屋から伴って帰京○朝日新聞社から入社を勧められたが断る○一〇月から『読売新聞』に小説『種拾ひ』『贋金つかい』『忘年会』を

明治二一	一八八八	三〇	順次連載◎一二月、『可憐嬢』を公刊 二月から『新潟新聞』に翻訳小説『無敵の刃』を執筆、二ヵ月後未完中絶○四月から『読売新聞』に政治小説『外務大臣』を連載したが、大隈家からの抗議で二ヵ月半ほどで中止○前年来の神経衰弱ようやく加わる○夏期休暇に、友人士子金四郎と再び京阪を漫遊◎八月、『贋金つかい』『松のうち』公刊
明治二二	一八八九	三一	一月、『国民の友』に『妻君』を発表○今年より断然小説の筆を絶つ○二月、次兄義衛初めて上京○同月から神田錦町私立商業夜学校に英語と歴史を教う○五月、永富の融通を受け牛込余丁町一一二番地に土地を購入、養蚕小屋に仮住、新築を始む○九月、日本演芸協会の委員会に出席○執筆は主として『読売新聞』と東京専門学校講義録◎一二月、『論理実習』公刊
明治二三	一八九〇	三二	二月、新宅落成○自宅に親しき学生を集めシェークスピヤ講義を始む○五月から四谷の私立明治英語学校に出講。ただしこの年限りで辞す○私立商業夜学校も年内でよす○九月、東京専門学校に文学科創設。その主脳者として、以後早稲田の教授に専念。
明治二四	一八九一	三三	九月、『春廼家漫筆』公刊○一〇月、『早稲田文学』創刊○同誌に『マクベス評註』『美辞学の弁』等を発表○『読売新聞』に『梓神子』その他を執筆
明治二五	一八九二	三四	一月から四月まで鷗外との間に、没理想の論戦をなす○六月、胃腸病療養のため上州磯部に滞在○七月、妻とともに日光・塩原に遊ぶ○夏から『都新聞』に探偵小説『大詐欺師』と『電小僧』(未完)を三ヵ月にわたり連載

明治二六	一八九三	三五	一月から『早稲田文学』に『美辞論稿』を、五月から同誌に『英文学史綱領』を掲載◎六月、『小羊漫言』を公刊○七月、妻と共に展墓を兼ね名古屋に病次兄義衛を見舞う○この際その子士行を養子とすることを約束○一一月、次兄士行を伴い上京。（時に士行七歳）
明治二七	一八九四	三六	四月、東京専門学校運動会の余興『地震加藤』の演出指導をなす○一一月から『早稲田文学』に『桐一葉』を発表し始む○近松研究会を始む
明治二八	一八九五	三七	一月、『校外邦語文学講義』の発行がきまり、『早稲田文学』の編集と共に責任倍加○士行・大造らに舞踊のけいこを始めさす
明治二九	一八九六	三八	早稲田中学の創立に参画し、教頭となる○一月から『早稲田文学』に『牧の方』を執筆し始む○同誌に近松の合同研究を連載◎二月、『桐一葉』、九月、『文学その折々』一一月、『梨園の落葉』公刊
明治三〇	一八九七	三九	四月、『新著月刊』に『二葉くすのき』を掲ぐ○九月、『新小説』に『沓手鳥孤城落月』を発表○また『国学院雑誌』に『マクベス』を連載◎三月、『ふた心』、五月、『牧の方』、水谷不倒と共編の『列伝体小説史』公刊○『早稲田文学』および『太陽』で樗牛と史劇につき論争
明治三一	一八九八	四〇	一月、『菊と桐』公刊○七月、東京専門学校の巡回講演に加わり、東北各地より函館に至り、八月、帰京○九月、次兄の重患を名古屋に見舞う○一〇月、名古屋・京都の校友会に出席、講演○五月『新著月刊』、十月、『早稲田文学』廃刊

明治三二	一八九九	四一	三月、博士会の推薦で、文学博士の学位を受く○中学教育と教科書の編著に専従○八月、信越各地を巡回講演。倫理談を語る○九月、校長高田と協議、東京専門学校文科の組織を変更
明治三三	一九〇〇	四二	二・三月、『太陽』に『再び歴史画を論ず』を掲ぐ○八月、静岡県教育会主催夏期講習会で、一週間連続倫理問題を講ず◎九月、『国語読本』尋常小学校用全八巻を、一〇月、同高等小学校用全八巻を公刊、一一月、共編『近松の研究』公刊
明治三四	一九〇一	四三	東京専門学校に高等予科新設さる。倫理と英語を担当○早稲田実業学校創立に伴い、英語を教授○星亨の刺殺事件に際し『刺客論』を発表◎一月、『国語読本編纂要旨』、六月、『英文学史』、一一月、『読本唱歌』全五巻を公刊
明治三五	一九〇二	四四	東京専門学校は早稲田大学と改称○九月、早稲田中学校長に就任○持病の腸カタル悪化◎六月、『文芸と教育』『英詩文評釈』公刊○一〇月、樗牛のニィチェ紹介に対し『読売新聞』に『馬骨人言』を連載して激しく論難す○新舞踊劇の創作に志す
明治三六	一九〇三	四五	次兄東京に移住○二月、日本女子大学で『リヤ王』の十回講義を行う○顔面麻痺を病む○八月、静養のため家族を伴い、松島・仙台・潮来・鹿島方面を旅行○一一月、尾崎紅葉の葬儀に列し、脳貧血を起し卒倒○一二月、病気のため早稲田中学校長を辞任○この年から東儀・土肥・水口らに朗読法を指導○歳末大磯滞在◎二月、『通俗倫理談』公刊
明治三七	一九〇四	四六	一月、妻と共に熱海に移る○二月、帰京○同月、『桐一葉』東京座で初演○早大文学科長就任の懇請を固辞す◎一一月、『新楽劇論』『新曲浦島』公刊

明治三八	一九〇五	四七	鹿島清兵衛の二女くにを養女とす○朗読研究会発展的解消をなし、易風会生る。四月、雅劇『妹山背山』を試演○年末、易風会員ら文芸の新運動を起すため、大隈伯を推戴し文芸協会の設立をもくろむ◎一一月、『新曲赫映姫』公刊
明治三九	一九〇六	四八	一月、『早稲田文学』再刊さる○二月、芝公園紅葉館で文芸協会発会式行わる○三月、隣地へ舞台付新宅の建築に着手○六月、完成移転○一一月、文芸協会演芸部第一回公演を歌舞伎座で行う。『桐一葉』二幕、『ヹニスの商人』一幕、歌劇『常闇』一幕◎一〇月、『常闇』(東儀鉄笛曲)、一一月、『中学修身訓』全五巻、公刊
明治四〇	一九〇七	四九	健康すぐれず絶えず服薬を続く○帝国学士院会員に推されたが、辞退す○一〇月、早大創立二五周年祝典に際し、終身年金を受く○一一月、文芸協会演芸部第二回公演を本郷座に行う。『大極殿』三場、『ハムレット』五幕八場、『新曲浦島』一幕◎四月、『鉢かづき姫付俄仙人』、五月、『文芸瑣談』公刊
明治四一	一九〇八	五〇	文芸協会資金難のため、活動不能に陥る◎一〇月、『倫理と文学』『金毛狐』、一一月、『訂正中学新読本』全一〇巻公刊
明治四二	一九〇九	五一	二月、文芸協会建て直しのため、余丁町の土地を無償提供○三月、演劇研究所の計画公表、研究生を募集○五月から仮教習所で授業開始○九月、演劇研究所新築落成○同月、士行を外国へ留学させた◎五月、『作と評論』、八月、鷗庵と共編『二葉亭四迷』、一二月、『ハムレット』公刊
明治四三	一九一〇	五二	一月、熱海で静養○三月から文芸協会は非公開の試演を数回行う○七月末から八月初旬

			にかけて、早大校外教育部のため京阪神へ講演旅行す◎九月、『ロミオとジュリエット』公刊
明治四四	一九一一	五三	一月、熱海に滞在。岡田式静座法を習い、以後三年間実行〇二月、文芸協会々長に就任全責任を負う〇五月、文芸協会第一回公演を帝国劇場に行う。『ハムレット』の通し〇六月一〇日、演劇研究所第一期生に卒業証書授与〇七月、大阪第一回公演〇その監督のため下阪、六月二八日角座で講演会を開く〇九月、演劇研究所試演場落成披露を兼ね第一回私演を行う〇一〇月、京都に片山春子の温習会を見、伊勢を回り帰京〇一一月、文芸協会第二回公演を帝国劇場に行う。『人形の家』三幕、『寒山拾得』『お七吉三』『ヱニスの商人』一場〇宅地を売却、代りの住宅を新築〇年末、熱海荒宿にも別宅を営む◎四月『オセロー』、一二月、『新撰国語読本』全一〇巻公刊
明治四五(大正元)	一九一二	五四	一月、熱海荒宿の別宅完成。二九日帰京〇三月、文部大臣から文芸功労者として表彰さる。賞金の一半は文芸協会に、残余は二葉亭・美妙・独歩の遺族に分贈〇同月、大阪三越新館で講演会を開く。演題「東京におけるノラ劇の印象」。文芸協会大阪第二回公演を中座で。興行成功〇五月、文芸協会第三回公演を有楽座で行う。『マグダ』四幕〇六月、演劇研究所第二回私演、ショーの『運命の人』一幕、『骨董熱』『歌麿と鐘馗』〇ウィリアム・アーチャー兄妹来観〇同月、大阪高島屋および京都で「マグダ劇の解釈」講演〇公演は他に委せ帰京〇文芸協会大阪第三回公演を帝国座で。京都第一回公演を南座で。共に『マグダ』、成績は良好〇七月、名古屋県会議事堂で講演会。演題「何故に

新しき劇を必要とするか」○四〇年ぶりに故郷太田を訪う○文芸協会名古屋公演、御園座。明治天皇御不例のため三日で興行中止○一一月、文芸協会第四回公演を有楽座で行う。『二十世紀』四幕◎四月、『リヤ王』『所謂新シイ女』公刊○一二月、熱海へ

大正 二	一九一三	五五	一月末、帰京○二月、文芸協会第五回公演を有楽座で開催、『思い出』五幕。好評、二日日延べ○三月、文芸協会大阪第四回公演、浪花座で。京都第二回公演、南座で。どちらも『思い出』○四月、演劇研究所第二期生の卒業式挙行○島村と須磨子の問題表面化し、文芸協会に紛議起る○六月、文芸協会第六回公演、帝国劇場で開演、『ジュリアス・シーザー』六幕。演出興行共に大成功○七月、会長辞任○文芸協会を解散○一〇月、静養のため塩原と箱根におもむく◎三月、『ウォーレン夫人の職業』、四月、『ジュリアス・シーザー』、五月、共訳『武器と人』公刊○この年一五年ぶりで『役の行者』を創作したが、文芸協会の内紛に鑑み発表を中止
大正 三	一九一四	五六	一月、熱海で胃酸過多症を病む。月末、帰京○三月、病状軽減○四月、中国・四国地方巡遊、妻同行○五月、耳を病む○八月、熱海で過ごす○九月、『新日本』に『霊験』発表○一〇月、家族同伴塩原に遊ぶ○一二月、熱海に移る◎六月、『ヹニスの商人』公刊
大正 四	一九一五	五七	一月、市島と伊豆長岡に高田を訪問。三者退職の件談合○二月、無名会の『霊験』を指導○三月、演劇研究所の建物売却、文芸協会の負債の一部に当つ○六月、士行帰国○八月、早大学長高田の文相就任を機に、早大教授辞任◎一月、『教化と演劇』、二月、『霊験』、四月、『堕天女外四種』『テムペスト』、六月、『アントニーとクレオパトラ』、一

			○一〇月、『醒めたる女付現代男』、一一月、『真夏の夜の夢』公刊○一〇月から『絵入文庫』監選○一二月から『通俗世界全史』監修
大正 五	一九一六	五八	三月末まで熱海で送る○名古屋・京阪を回り、天の橋立を見物○四月一〇日、帰京○五月妻湿疹治療のため共に箱根芦の湯に滞在○六月、熱海に移る○この年後半は東京に過ごし、年末に熱海に移る○雑誌『新演芸』顧問となり、毎号執筆。九月号に『役の行者』の改稿『女魔神』を発表○英国刊行の『沙翁敬仰の書』(ア・ブック・オブ・ホーメイジ・ツー・シェークスピア)に『シェークスピアと近松』寄稿○一〇月、旧文芸協会の敷地全部を売却、負債をほぼ片付く○一二月、早大維持員会を説き、小林文七所蔵の芝居錦絵・番付類を購入させた◎三月、『マクベス』公刊
大正 六	一九一七	五九	胃酸過多に悩み、不眠癖募る○四月、『名残の星月夜』脱稿○早大騒動拡大、その解決のため奔走を余儀なくさる○七月、早大終身維持員・名誉教授の辞表提出○八月以降年末まで小林コレクション整理に従事○一一月、腎臓炎を病む○年末、熱海に移る◎五月、『役の行者』、六月、『実演台帳桐一葉』、九月、『劇壇の最近十年』公刊
大正 七	一九一八	六〇	一月から四月まで熱海に滞在○六月、早大学長就任の勧告を固く辞退○年末、熱海へ◎一月、『名残の星月夜』、七月、『義時の最期』、九月、『以尺報尺』一一月、『冬の夜ばなし』、一二月、『リチャード三世』公刊○『国民の日本史』監修
大正 八	一九二〇	六二	四月末まで熱海滞在○二月、熱海水口村に三百坪の地所購入○五月、郷里太田・名古屋方面へ旅行、妻同行○同月末、協議、士行を離籍○一一月、『法難』脱稿○妻同行、房

			州の日蓮の旧跡視察○一二月、早大講堂で『法難』朗読。大隈老侯も臨席○年末、熱海へ◎二月、『逍遙劇談』、九月、『ヘンリー四世』第一部、一〇月、同第二部公刊
大正 九	一九二〇	六二	五月まで熱海滞在○月末、水口村の別宅落成。「双柿舎」と名付く○四月、中帰りして歌舞伎座五月興行『名残の星月夜』のけいこを指導○初日から連日唐船の場に妨害的やじ騒ぎ起る。ために劇作の意欲を失う。○六月、養女くに、飯塚友一郎に嫁す○一〇月、早大文学部内に文化事業研究会創設さる。毎週六時間講話○ページェントを提唱◎三月、『法難』六月、『芝居絵と豊国及其門下』『お気に召すまま』、一一月、『じゃじゃ馬馴らし』公刊
大正一〇	一九二一	六三	四月末まで熱海に○文化事業研究会で講話のほか、ページェントの演技指導も始む○一〇月、戸山学校構内で「熱海ページェント」試演○同月、歌舞劇式ページェント『聖徳太子と悪魔』を『国本』に発表○一一月、大阪における文化事業研究会講演会のため下阪大阪新町演舞場のため『長生新浦島』を作し、年末再び下阪、その実演を指導◎一月、『それからそれ』、五月、『十二夜』、一一月、『わがページェント劇』公刊
大正一一	一九二二	六四	四月末まで熱海に○新児童劇の主唱とその作に専心○三月末、新町の『長生新浦島』観覧のため大阪へおもむく。大朝楼上で講話○一〇月末、大阪に数日滞在、それより下関を経て九州各地を巡遊、一一月、帰京。妻同行○帝国劇場顧問となる○一一月下旬、有楽座に帝劇技芸学校生徒による児童劇公演。好評のため一二月、再演○年末、熱海へ◎三月、『長生新浦島』、一一月、『コリオレーナス』『家庭用児童劇』第一集公刊

大正一二	一九二三	六五	四月末まで在熱海○春、文化事業研究会の解散を要求○もっぱら児童劇運動に熱中○六月、有楽座で帝劇技芸学校生徒による第二回公演を行う○八月、岐阜より志摩を巡遊、○九月、大震災後、蔵書いっさいを早大図書館に寄贈○一二月、児童劇関西公演に同行直接監督し、また開演の各地で単独講演を行う○年末熱海へ◎一月『芸術ト家庭ト社会』、三月、『家庭用児童劇』第二集、『舞踊論』、四月、『児童教育と演劇』、六月、『シムベリン』、一〇月、『東西の煽情的悲劇』、一二月、『学校用小脚本』公刊
大正一三	一九二四	六六	双柿舎南方の畑地購入○四月中旬、帰京○五月、名古屋を経て高野山におもむく。妻同行○また車人形一覧のため八王子に行く○七月二三日、次兄義衛長逝○同二八日、甥大造死去○この秋、五十嵐力新たに早大文学部長に就任を機に、シェークスピヤ講座と歌舞伎史講座を担当○一〇月、大隈会館庭園劇公演を指導○年末熱海に移る◎七月、『家庭用児童劇』第三集公刊
大正一四	一九二五	六七	二月二八日、肺炎を病む。一時危篤○四月末、全快○五月下旬、帰京○六月『逍遙選集』刊行を応諾、その準備にかかる○七月から九月中旬まで熱海で過ごす○九月下旬から早大出講。ただしシェークスピヤ講座二時間だけ○一一月、甲州身延に遊ぶ○この年重患以来俳句を作る◎八月、『熱海ページェント』公刊
大正一五 (昭和元)	一九二六	六八	一月、『新小説』に「三絶披露」の文を発表○早大における春秋のシェークスピヤ講座は継続○四月以降『選集』の校正多忙○五月、熱海から長岡・三津を経て静浦に一泊して帰海◎七月『逍遙選集』第一回配本。以後連月一巻ずつ発行○一一月、熱海水口園に

昭和二	一九二七	六九	おける早大文科校友会に列す。演劇博物館期成決議なる◎二月、『恋の骨折ぞん』、四月『リチャード二世』、五月、『ウインザーの陽気な女房』、七月、『まちがひつづき』、八月『タイタス・アンドロニカス』、一一月、『アゼンスのタイモン』、一二月、『ヹローナの二紳士』公刊○四月、妻病む○五月まで在熱海○シェークスピヤの翻訳と『選集』の校正とに忙しきこと前年同様○六月、演劇博物館設立趣意書を発表○七月、宝塚・京都・宇治を巡遊、妻・大村随行○早大における特別講座この年で打ち切る○一一月、早大大隈講堂で記念のシェークスピヤ公開講義を行う○一二月、『逍遙選集』全一五巻完結◎一月『から騒ぎ』二月『トロイラスとクレシダ』五月『ヘンリー五世』七月『末よければ総てよし』九月、『ジョン王』、一一月『ペリクリーズ』、一二月、『詩篇』其一公刊
昭和三	一九二八	七〇	半年余を熱海で過ごす○五月、双柿舎の逍遙書屋落成○七月、演劇博物館上棟式に臨む○九月、宝塚国民座上演の『行者と女魔』指導のため下阪○一〇月二七日、演劇博物館開館式に列し謝辞を述ぶ○一一月、御大典後の御沙汰、宮中への招待を辞す○同月、熱海で開催の早大文科校友会に出席○一二月、久邇宮両殿下双柿舎御来訪◎二月、『ヘンリー八世』、三月、『ヘンリー六世』第一部、五月、同第二部、六月、同第三部、八月、『詩篇』其二、一二月、『シェークスピヤ研究栞』公刊。この巻をもって全四〇巻完成○五月、春陽堂『明治大正文学全集』第三巻として『逍遙篇』発行
昭和四	一九二九	七一	年首五日を東京の本宅に過ごし、その後は大方熱海に居住○四月二七日、演劇博物館後援会のため、大隈講堂で脚本朗読会を催す○五月、大阪朝日会館・名古屋県会議事堂で

			も同じく脚本朗読会を行う。その途次新和歌の浦に泊まる。河竹同行○同月、宝塚国民座の大隈講堂での『役の行者』の演出指導に当る○一〇月末、上諏訪から名古屋方面を旅行○一一月、名古屋で両親の五〇年忌法要を営む○この年久し振りで創作の筆を楽しむ○また随筆『柿の蔕』を発表し始む◎六月『良寛と子守その他』公刊
昭和五	一九三〇	七二	一月、朝日賞を受く○『東西朝日新聞』に『変化雛』発表○四月二三日、日本シェークスピヤ協会発会式に当り、名誉会長としてメッセージを送る○五月、大隈講堂における『学校用小脚本』中の小歌劇三種上演を指導○同月、大阪へおもむき朝日講堂で講演。演題「わが古歌舞伎に似たスペインの古劇の話」○児童劇映画『道灌と欠皿』影絵映画『烏帽子折と猿の群れ』を撮影させた○一〇月、その映画『商人と猿の群れ』（改題）のセリフを音盤に吹込む○一二月、『沓手鳥孤城落月』の朗読をポリドール・レコードに録音○同月二四日、双柿舎の土地・建物その他を、財団法人国劇向上会の資産として登記○同二六日、伊豆大地震、双柿舎も相当被害
昭和六	一九三一	七三	五月、国劇向上会から月刊『芸術殿』発行さる。毎号執筆○七月、早大より慰労金を贈らる。演劇博物館のために用いられたしと注文をつけ返却。ただし一部は国劇向上会へ寄付○離騒社同人から美術作品を贈らる。受領の上、演劇博物館に転贈○一〇月から影絵映画ストーリー『神変大菩薩伝』を『芸術殿』に連載◎三月、『近世畸人伝其他』、六月、『歌舞伎画証史話』公刊
昭和七	一九三二	七四	五月、『阿難の累ひ』、六月、『鬼子母解脱』を共に『中央公論』に発表。（衰微の歌舞伎

救助の応急手当として）○後者は五月、歌舞伎座で上演さる○一〇月、新橋演舞場で歌劇化して上演さる○同月二四日、日比谷公会堂で児童劇映画と朗読レコードの発表会開催

昭和八	一九三三	七五	五月、『新修シェークスピヤ全集』の刊行を中央公論社と契約、準備にかかる○九月から二冊ずつ配本○同月五日夜、朝日講堂でシェークスピヤ劇三種の一部ずつの朗読を公開。『シーザー』と『ハムレット』は全国へ中継放送さる○同月、『ハムレット』『ヹニスの商人』をコロンビア・レコードに吹込む○一二月一日、帝国ホテルで開催の出版記念会に出席し、あいさつを述ぶ◎七月、『柿の蔕』、九月、『ハムレット』『以尺報尺』、一〇月、『ロミオとヂュリエット』『一二夜』、一二月、『ヹニスの商人』『タイタス・アンドロニカス』公刊
昭和九	一九三四	七六	二月、前進座の新橋演舞場上演の『沓手鳥孤城落月』を指導○六月二〇日、肺炎発病○八月中までいっさいの面会を謝絶、療養に努む○九月、ほぼ全快。ただしなお微熱を持続◎一月『ヂョン王』『ペリクリーズ』、二月、『リチャード二世』『ヹローナの二紳士』、三月、『ヂュリアス・シーザー』『詩篇』其一、四月、『ヘンリ四世』第一・二部、五月、『アセンズのタイモン』『ぢゃぢゃ馬馴らし』、六月、『ヘンリー五世』『ウインザーの陽気な女房』『美文としての謡曲文』『阿難と鬼子母』、七月、『ヘンリー六世』第一・二部、八月『ヘンリ六世』第三部、『冬の夜ばなし』、九月、『コリオレーナス』『真夏の夜の夢』一〇月『リチャード三世』『トロイラスとクレシダ』、一一月、『リヤ王』『お気に召すまま』、一二月、『颶風』『詩篇』其二公刊

昭和一〇	一九三五	七七

一月中旬、感冒から気管支カタルを併発○二月上旬、再起不能を自覚し後事を託す○二月二八日逝去。双柿院始終逍遥居士とおくり名す○三月二日、熱海双柿舎で密葬○同月四日、東京青山斎場で早稲田大学々園葬○六月二日、熱海海蔵寺境内に埋骨◎一月、『末よければ総てよし』『アントニーとクレオパトラ』、二月、『マクベス』『むだ騒ぎ』、三月、『ヘンリー八世』『恋の骨折損』、四月、『オセロー』『シムベリン』五月、『間ちがひつづき』『シェークスピヤ研究栞』公刊。五月『新修シェークスピヤ全集』配本完了。

主要参考文献

河竹繁俊・柳田泉共著『坪内逍遙』昭和十四年 冨山房
国劇向上会編『坪内逍遙先生小伝』昭和十年『芸術殿』所収
千葉亀雄著『坪内逍遙伝』昭和九年 改造社
本間久雄著『坪内逍遙』昭和七年『岩波講座日本文学』所収
木村毅著『坪内逍遙論』昭和九年『改造日本文学講座』所収
坪内士行著『坪内逍遙研究』昭和二十八年 早稲田大学出版部
滝田貞治著『逍遙書誌』昭和十二年 米山堂
早稲田文学『坪内逍遙論』大正十五年五月号 早稲田文学社
中央公論『坪内逍遙論』明治四十五年四月号 中央公論社
明治大正文学研究『坪内逍遙研究』昭和三十年第十六号 東京堂

著者略歴

明治三十一年生れ
大正十二年早稲田大学文学部卒業
教科書、百科事典等の編纂、出版に従事し、
財団法人逍遙協会理事長等を歴任
昭和五十九年没

主要著書
シェークスピヤ物語　死絵考
坪内逍遙事典〈共編〉

人物叢書　新装版

坪内逍遙

昭和三十三年九月二十五日　第一版第一刷発行
昭和六十二年十二月一日　新装版第一刷発行
平成十年二月十日　新装版第二刷発行

著者　大村《おおむら》弘毅《ひろよし》
編集者　日本歴史学会
代表者　児玉幸多
発行者　吉川圭三

発行所　株式会社吉川弘文館
東京都文京区本郷七丁目二番八号
郵便番号一一三―〇〇三三
電話〇三―三八一三―九一五一〈代表〉
振替口座〇〇一〇〇―五―二四四
印刷＝平文社　製本＝ナショナル製本

『人物叢書』（新装版）刊行のことば

人物叢書は、個人が埋没された歴史書が盛行した時代に、「歴史を動かすものは人間である。個人の伝記が明らかにされないで、歴史の叙述は完全であり得ない」という信念のもとに、専門学者に執筆を依頼し、日本歴史学会が編集し、吉川弘文館が刊行した一大伝記集である。

幸いに読書界の支持を得て、百冊刊行の折には菊池寛賞を授けられる栄誉に浴した。

しかし発行以来すでに四半世紀を経過し、長期品切れ本が増加し、読書界の要望にそい得ない状態にもなったので、この際既刊本の体裁を一新して再編成し、定期的に配本できるような方策をとることにした。既刊本は一八四冊であるが、まだ未刊である重要人物の伝記についても鋭意刊行を進める方針であり、その体裁も新形式をとることとした。

こうして刊行当初の精神に思いを致し、人物叢書を蘇らせようとするのが、今回の企図である。大方のご支援を得ることができれば幸せである。

昭和六十年五月

日本歴史学会
代表者　坂本太郎

〈オンデマンド版〉
坪内逍遙

人物叢書　新装版

2020年（令和2）11月1日　発行

著　者　大《おお》村《むら》弘《ひろ》毅《よし》
編集者　日本歴史学会
代表者　藤田　覚
発行者　吉川道郎
発行所　株式会社　吉川弘文館
〒113-0033　東京都文京区本郷7丁目2番8号
TEL　03-3813-9151〈代表〉
URL　http://www.yoshikawa-k.co.jp/
印刷・製本　大日本印刷株式会社

大村　弘毅（1898～1984）

ISBN978-4-642-75102-5